Couvertures supérieure et inférieure
en couleur

BIBLIOTHÈQUE ROSE ILLUSTRÉE

LES
DEUX NIGAUDS

PAR

Mme LA COMTESSE DE SÉGUR

NÉE ROSTOPCHINE

Ouvrage illustré de 70 vignettes
par H. CASTELLI

NOUVELLE ÉDITION

PARIS
LIBRAIRIE HACHETTE ET Cie
79, BOULEVARD SAINT-GERMAIN, 79

PRIX : 2 FRANCS 25

LE JOURNAL DE LA JEUNESSE

NOUVEAU RECUEIL HEBDOMADAIRE ILLUSTRÉ
POUR LES ENFANTS DE DOUZE A QUINZE ANS

CONDITIONS DE VENTE ET D'ABONNEMENT

Un numéro comprenant 16 pages grand in-8 paraît le samedi de chaque semaine.

Prix de chaque année, brochée en 2 volumes : 20 fr.

Chaque semestre, formant un volume, se vend séparément : 10 fr.

Le cartonnage en percaline rouge, tranches dorées, se paye en sus par volume 3 fr.

Prix de l'abonnement pour Paris et les départements :
un an, 20 fr.; six mois, 10 fr.

Prix de l'abonnement pour les pays étrangers qui font partie de l'Union générale des postes : un an, 22 fr.; six mois, 11 fr.

Les abonnements se prennent du 1ᵉʳ décembre et du 1ᵉʳ juin de chaque année.

MON JOURNAL

NOUVEAU RECUEIL HEBDOMADAIRE
ILLUSTRÉ DE NOMBREUSES GRAVURES EN COULEURS ET EN NOIR
A L'USAGE DES ENFANTS DE HUIT A DOUZE ANS

MON JOURNAL, à partir du 1ᵉʳ octobre 1892, est devenu hebdomadaire de mensuel qu'il était, et convient à des enfants de 8 à 12 ans.

Il paraît un numéro le samedi de chaque semaine.
Prix du numéro, 15 centimes.

ABONNEMENTS :

FRANCE { Six mois . . 4 fr. 50
        { Un an . . . 9 fr.

UNION POSTALE { Six mois 5 fr. 50
               { Un an 10 fr.

Prix de chaque année de la 2ᵉ série : brochée, 8 fr.; cartonnée avec couverture en couleurs, 10 fr.

LES
DEUX NIGAUDS

OUVRAGES DU MÊME AUTEUR

PUBLIÉS DANS LA BIBLIOTHÈQUE ROSE ILLUSTRÉE
PAR LA LIBRAIRIE HACHETTE ET Cie

Un bon petit Diable... Un vol. avec 100 gravures d'après H. CASTELLI.
Quel amour d'Enfant!..... Un vol. avec 70 grav. d'après É. BAYARD.
Pauvre Blaise............ Un vol. avec 96 grav. d'après H. CASTELLI.
Mémoires d'un Ane....... Un vol. avec 75 grav. d'après H. CASTELLI.
Les Vacances............ Un vol. avec 36 grav. d'après BERTALL.
Les petites Filles modèles... Un vol. avec 21 grav. d'après BERTALL.
Les malheurs de Sophie... Un vol. avec 48 grav. d'après H. CASTELLI.
Les deux Nigauds........ Un vol. avec 76 grav. d'après H. CASTELLI.
Les bons Enfants........ Un vol. avec 70 grav. d'après FEROGIO.
Le général Dourakine.... Un vol. avec 100 grav. d'après É. BAYARD.
L'auberge de l'Ange-Gardien. Un vol. avec 75 grav. d'après FOULQUIER.
La sœur de Gribouille... Un vol. avec 72 grav. d'après H. CASTELLI.
La fortune de Gaspard... Un vol. avec 32 grav. d'après GERLIER.
Jean qui grogne et Jean qui rit. Un vol. avec 70 grav. d'après H. CASTELLI.
François le Bossu....... Un vol. avec 114 grav. d'après É. BAYARD.
Diloy le Chemineau..... Un vol. avec 90 grav. d'après H. CASTELLI.
Comédies et Proverbes... Un vol. avec 60 grav. d'après É. BAYARD.
Le Mauvais génie........ Un vol. avec 90 grav. d'après É. BAYARD.
Après la Pluie le beau Temps. Un vol. avec 125 grav. d'après É. BAYARD.

Prix de chaque volume broché, 2 25
Relié en percaline rouge, tranches dorées, 3 50

Les Actes des Apôtres, un vol. in-8° avec 10 gravures, broché... 10 »
Évangile d'une grand'mère, édition classique, in-16, cart... 1 50
La santé des enfants, in-16, broché............. » 50

Imprimerie LAHURE, 9, rue de Fleurus, à Paris.

LES
DEUX NIGAUDS

PAR

Mme LA COMTESSE DE SÉGUR
NÉE ROSTOPCHINE

OUVRAGE ILLUSTRÉ DE 76 VIGNETTES
PAR H. CASTELLI

NOUVELLE ÉDITION

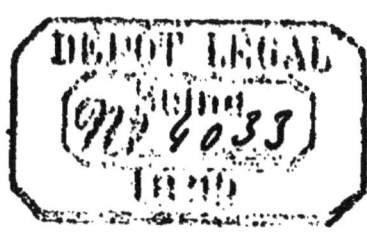

PARIS
LIBRAIRIE HACHETTE ET Cie
79, BOULEVARD SAINT-GERMAIN, 79

1900

A MON PETIT-FILS

ARMAND FRESNEAU

Mon cher petit, c'est à toi, bon petit habitant de l'excellente Bretagne, que je dédie l'histoire de ces deux nigauds qui préfèrent Paris à la campagne. Tu ne feras pas comme eux, car déjà Paris t'ennuie et la Bretagne te plaît. Reste toujours brave et loyal Breton, et garde-toi de devenir un Parisien frivole, moqueur, vain et inconstant.

Ta grand'mère,

COMTESSE DE SÉGUR,
née ROSTOPCHINE.

# LES
DEUX NIGAUDS

I

PARIS! PARIS!

M. et Mme Gargilier étaient seuls dans leur salon ; leurs enfants, Simplicie et Innocent, venaient de les quitter pour aller se coucher. M. Gargilier avait l'air impatienté ; Mme Gargilier était triste et silencieuse.

« Savez-vous, chère amie, dit enfin M. Gargilier, que j'ai presque envie de donner une leçon, cruelle peut-être, mais nécessaire, à cette petite sotte de Simplicie et à ce benêt d'Innocent ?

— Quoi ? Que voulez-vous faire ? répondit Mme Gargilier avec effroi.

— Tout bonnement contenter leur désir d'aller passer l'hiver à Paris.

— Mais vous savez, mon ami, que notre fortune ne nous permet pas cette dépense considérable ; et puis votre présence est indispensable ici pour tous vos travaux de ferme, de plantations.

— Aussi je compte bien rester ici avec vous.

— Mais comment alors les enfants pourront-ils y aller?

— Je les enverrai avec la bonne et fidèle Prudence ; Simplicie ira chez ma sœur, Mme Bonbeck, à laquelle je vais demander de les recevoir chez elle en lui payant la pension de Simplicie et de Prudence, car elle n'est pas assez riche pour faire cette dépense. Quant à Innocent, je l'enverrai dans une maison d'éducation dont on m'a parlé, qui est tenue très sévèrement, et qui le dégoûtera des uniformes dont il a la tête tournée.

— Mais, mon ami, votre sœur a un caractère si violent, si emporté ; elle a des idées si bizarres, que Simplicie sera très malheureuse auprès d'elle.

— C'est précisément ce que je veux ; cela lui apprendra à aimer la vie douce et tranquille qu'elle mène près de nous, et ce sera une punition des bouderies, des pleurnicheries, des humeurs dont elle nous ennuie depuis un mois.

— Et le pauvre Innocent, quelle vie on lui fera mener dans cette pension !

— Ce sera pour le mieux. C'est lui qui pousse sa sœur à nous contraindre de les laisser aller à Paris, et il mérite d'être puni. On envoie dans cette

M. et Mme Gargilier étaient seuls dans leur salon. (Page 1.)

pension les garçons indociles et incorrigibles : ils lui rendront la vie dure; j'en serai bien aise. Quand il en aura assez, il saura bien nous l'écrire et se faire rappeler.

— Et Prudence? Elle est bien bonne, bien dévouée, mais elle n'a jamais quitté la campagne, et je crains qu'elle ne sache pas comment s'y prendre pour arriver à Paris.

— Elle n'aura aucun embarras; le conducteur de la diligence la connaît, prendra soin d'elle ainsi que des enfants; une fois en chemin de fer, ils auront trois heures de route, et ma sœur ira les attendre à la gare pour les emmener chez elle. »

Mme Gargilier chercha encore à détourner son mari d'un projet qui l'effrayait pour ses enfants, mais il y persista, disant qu'il ne pouvait plus supporter l'ennui et l'irritation que lui donnaient les pleurs et les humeurs de Simplicie et d'Innocent. Il parla le soir même à Prudence, en lui recommandant de ne rien dire encore aux enfants. Elle fut très contrariée d'avoir à quitter ses maîtres, mais flattée en même temps de la confiance qu'ils lui témoignaient. Elle détestait Paris sans le connaître, et elle comptait bien que les enfants s'en dégoûteraient promptement et que leur absence ne serait pas longue.

Quelques jours après, Simplicie essuyait pour la vingtième fois ses petits yeux rouges et gonflés. Sa mère, qui la regardait de temps en temps d'un air mécontent, leva les épaules et lui dit avec froideur :

« Voyons, Simplicie, finis tes pleurnicheries ; c'est ennuyeux, à la fin. Je t'ai déjà dit que je ne voulais pas aller passer l'hiver à Paris et que je n'irais pas.

SIMPLICIE.

Et c'est pour cela que je pleure. Croyez-vous que ce soit amusant pour moi, qui vais avoir douze ans, de passer l'hiver à la campagne dans la neige et dans la boue ?

MADAME GARGILIER.

Est-ce que tu crois qu'à Paris il n'y a ni neige ni boue ?

SIMPLICIE.

Non, certainement ; ces demoiselles m'ont dit qu'on balayait les rues tous les jours.

MADAME GARGILIER.

Mais on a beau balayer, la neige tombe et la boue revient comme sur les grandes routes.

SIMPLICIE.

Ça m'est égal, je veux aller à Paris.

MADAME GARGILIER.

Ce n'est pas moi qui t'y mènerai, ma chère amie. »
Simplicie recommence à verser des larmes amères ; elle y ajoute de petits cris aigus qui impatientent sa mère et qui attirent son père occupé à lire dans la chambre à côté.

M. GARGILIER, *avec impatience*.

Eh bien ! qu'y a-t-il donc ? Simplicie pleure et crie ?

MADAME GARGILIER.

Toujours sa même chanson : « Je veux aller à Paris ».

M. GARGILIER.

Petite sotte, va! Tu fais comme ton frère, dont je ne peux plus rien obtenir. Monsieur a dans la tête d'entrer dans une pension de Paris, et il ne travaille plus, il ne fait plus rien.

MADAME GARGILIER.

Il serait bien attrapé d'être en pension ; mal nourri, mal couché, accablé de travail, rudoyé par les maîtres, tourmenté par les camarades, souffrant du froid l'hiver, de la chaleur l'été ; ce serait une vie bien agréable pour Innocent, qui est paresseux, gourmand et indocile. Ah! le voilà qui arrive avec un visage long d'une aune. »

Innocent entre sans regarder personne ; il va s'asseoir près de Simplicie ; tous deux boudent et tiennent les yeux baissés vers la terre.

MADAME GARGILIER.

Qu'as-tu, Innocent? Pourquoi boudes-tu?

INNOCENT.

Je veux aller à Paris.

M. GARGILIER.

Petit drôle! toute la journée le même refrain : « Je veux aller à Paris... ». Ah! tu veux aller à Paris! Eh bien! mon garçon, tu iras à Paris et tu y resteras, quand même tu y serais malheureux comme un âne.

— Et moi, et moi? s'écria Simplicie en s'élançant de sa chaise vers son père.

— Toi, nigaude?... tu mériterais bien d'y aller, pour te punir de ton entêtement maussade.

— Je veux y aller avec Innocent! Je ne veux pas rester seule à m'ennuyer.

— Sotte fille! Tu le veux, eh bien! soit; mais réfléchis bien avant d'accepter ce que je te propose. J'écrirai à ta tante, Mme Bonbeck, pour qu'elle te reçoive et te garde jusqu'à l'été; une fois que tu seras là, tu y resteras malgré prières et supplications.

— J'accepte, j'accepte, s'écria Simplicie avec joie.

MADAME GARGILIER.

Tu n'as jamais vu ta tante, mais tu sais qu'elle n'est pas d'un caractère aimable, qu'elle ne supporte pas la contradiction.

— Je sais, je sais, j'accepte », s'empressa de dire Simplicie.

Le père regarda Innocent et Simplicie, dont la joie était visible; il leva encore les épaules, et quitta la chambre suivi de sa femme.

Quand ils furent partis, les enfants restèrent un instant silencieux, se regardant avec un sourire de triomphe; lorsqu'ils se furent assurés qu'ils étaient seuls, qu'on ne pouvait les entendre, ils laissèrent éclater leur joie par des battements de mains, des cris d'allégresse, des gambades extravagantes.

INNOCENT.

Je t'avais bien dit que nous l'emporterions à force de tristesse et de pleurs. Je sais comment il faut prendre papa et maman. En les ennuyant on obtient tout.

SIMPLICIE.

Il était temps que cela finît, tout de même; je

n'y pouvais plus tenir; c'est si ennuyeux de toujours bouder et pleurnicher! Et puis je voyais que cela faisait de la peine à maman: je commençais à avoir des remords.

INNOCENT.

Que tu es bête! Remords de quoi? Est-ce qu'il y a du mal à vouloir connaître Paris? Tout le monde y va; il n'y a que nous dans le pays qui n'y soyons jamais allés!

SIMPLICIE.

C'est vrai, mais papa et maman resteront seuls tout l'hiver, ce sera triste pour eux.

INNOCENT.

C'est leur faute; pourquoi ne nous mènent-ils pas eux-mêmes à Paris? Tu as entendu l'autre jour Camille, Madeleine, leurs amies, leurs cousins et cousines : tous vont partir pour Paris.

SIMPLICIE.

On dit que ma tante n'est pas très bonne; elle ne sera pas complaisante comme maman.

INNOCENT.

Qu'est-ce que cela fait? Tu as douze ans; est-ce que tu as besoin qu'on te soigne comme un petit enfant?

SIMPLICIE.

Non, mais....

INNOCENT.

Mais quoi? Ne va pas changer d'idée maintenant! Puisque papa est décidé, il faut le laisser faire.

SIMPLICIE.

Oh! je ne change pas d'idée, sois tranquille; seulement, j'aimerais mieux que maman vînt à Paris avec nous. »

Et les enfants allèrent dans leur chambre pour commencer leurs préparatifs de départ. Simplicie n'était pas aussi heureuse qu'elle l'avait espéré ; sa conscience lui reprochait d'abandonner son père et sa mère. Innocent, de son côté, n'était plus aussi enchanté qu'il en avait l'air ; ce que sa mère avait dit de la vie de pension lui revenait à la mémoire, et il craignit qu'il n'y eût un peu de vrai ; mais il aurait des camarades, des amis ; et puis il verrait Paris, ce qui lui semblait devoir être un bonheur sans égal.

Ils n'osèrent pourtant plus en reparler devant leurs parents, qui n'en parlaient pas non plus.

« Ils auront oublié, dit un jour Simplicie.

— Ils ont peut-être voulu nous attraper, répondit Innocent.

— Que faire alors ?

— Attendre, et si dans deux jours on ne nous dit rien, nous recommencerons à bouder et à pleurer.

— Je voudrais bien qu'on nous dît quelque chose ; c'est si ennuyeux de bouder ! »

Deux jours se passèrent ; on ne parlait de rien aux enfants ; M. Gargilier les regardait avec un sourire moqueur ; Mme Gargilier paraissait mécontente et triste.

Le troisième jour, en se mettant à table pour déjeuner, Innocent dit tout bas à Simplicie :

« Commence ; il est temps.

SIMPLICIE.

Et toi?

INNOCENT.

Moi aussi ; je boude. Ne mange pas. »

Le père et la mère prennent des œufs frais; les enfants ne mangent rien; ils ont les yeux fixés sur leur assiette, la lèvre avancée, les narines gonflées.

LE PÈRE.

Mangez donc, enfants; vous laissez refroidir les œufs. »

Pas de reponse.

LE PÈRE.

Vous n'entendez pas? Je vous dis de manger.

INNOCENT.

Je n'ai pas faim

SIMPLICIE.

Je n'ai pas faim.

LE PÈRE.

Vous allez vous faire mal à l'estomac, grands nigauds.

INNOCENT.

J'ai trop de chagrin pour manger.

SIMPLICIE.

Je ne mangerai que lorsque je serai sûre d'aller à Paris.

LE PÈRE.

Alors tu peux manger tout ce qu'il y a sur la table, car vous vous mettrez en route après-demain; j'ai écrit à ta tante, qui consent à vous recevoir. Vous partirez avec Prudence votre bonne, et vous y resterez tout l'hiver, le printemps et une partie de l'été : votre tante vous renverra à l'époque des vacances de l'année prochaine. »

Simplicie et Innocent s'attendaient si peu à cette nouvelle, qu'ils restèrent muets de surprise, la bouche ouverte, les yeux fixes, ne sachant comment passer de la bouderie à la joie.

« Vous viendrez nous voir à Paris? demanda enfin Simplicie.

LE PÈRE.

Pas une fois! Pour quoi faire? Nous déplacer, dépenser de l'argent pour des enfants qui ne demandent qu'à nous quitter? Nous nous passerons de vous comme vous vous passerez de nous, mes chers amis.

SIMPLICIE.

Mais... vous nous écrirez souvent?

LE PÈRE.

Nous vous répondrons quand vous écrirez et quand cela sera nécessaire. »

Simplicie se contenta de cette assurance et commença à réparer le temps perdu, en mangeant de tout ce qu'il y avait sur la table. Innocent aurait bien voulu questionner ses parents sur sa pension, sur son uniforme de pensionnaire, mais l'air triste de sa mère et la mine sévère de son père lui firent garder le silence; il fit comme sa sœur, il mangea.

Quand on sortit de table, les parents se retirèrent, laissant les enfants seuls. Au lieu de se laisser aller à une joie folle comme à la première annonce de leur voyage, ils restaient silencieux, presque tristes.

« Tu n'as pas l'air d'être contente, dit Innocent à sa sœur.

— Je suis enchantée, répondit Simplicie d'une voix lugubre ; mais....

— Mais quoi ?

— Mais... tu as toi-même l'air si sérieux, que je ne sais plus si je dois être contente ou fâchée.

— Je suis très gai, je t'assure, reprit tristement Innocent. C'est un grand bonheur pour nous ; nous allons bien nous amuser.

SIMPLICIE.

Tu dis cela drôlement ! Comme si tu étais inquiet ou triste.

INNOCENT.

Puisque je te dis que je suis gai ; c'est ta sotte figure qui m'ennuie.

SIMPLICIE.

Si tu voyais la tienne, tu bâillerais rien qu'à te regarder.

INNOCENT.

Laisse-moi tranquille ; ma figure est cent fois mieux que la tienne.

SIMPLICIE.

Elle est jolie, ta figure ? tes petits yeux verts ! un nez coupant comme un couteau, pointu comme une aiguille ; une bouche sans lèvres, un menton finissant en pointe, des joues creuses, des cheveux crépus, des oreilles d'âne, un long cou, des épaules....

INNOCENT.

Ta, ta, ta.... C'est par jalousie que tu parles,

toi, avec tes petits yeux noirs, ton nez gras en trompette, ta bouche à lèvres épaisses, tes cheveux épais et huileux, tes oreilles aplaties, tes épaules sans cou et ta grosse taille. Tu auras du succès à Paris, je te le promets, mais pas comme tu l'entends! »

Simplicie allait riposter, quand la porte s'ouvrit, et M. Gargilier entra avec un tailleur qui apportait à Innocent des habits neufs et un uniforme de pensionnaire. Il fallait les essayer; ils allaient parfaitement... pour la campagne; dans la prévision qu'il grandirait et grossirait, M. Gargilier avait commandé la tunique très longue, très large; les manches couvraient le bout des doigts, les pans de la tunique couvraient les chevilles; on passait le poing entre le gilet et la tunique boutonnés. Le pantalon battait les talons et flottait comme une jupe autour de chaque jambe; Innocent se trouvait superbe, Simplicie était ravie, M. Gargilier était satisfait, le tailleur était fier d'avoir si bien réussi. Tous les habits étaient confectionnés avec la même prévoyance et permettaient à Innocent de grandir d'un demi-mètre et d'engraisser de cent livres.

Simplicie fut appelée à son tour pour essayer les robes que sa bonne lui avait faites avec d'anciennes robes de grande toilette de Mme Gargilier : l'une était en soie brochée grenat et orange; l'autre en popeline à carreaux verts, bleus, roses, violets et jaunes; les couleurs de l'arc-en-ciel y étaient fidèlement rappelées; deux autres, moins belles, devaient servir pour les matinées habillées; l'une en satin marron et l'autre en velours de coton bleu; le tout était un peu passé, un peu éraillé, mais elles avaient produit un grand effet dans leur temps, et Simplicie, accoutumée à les regarder avec admiration, se trouva heureuse et fière du sacrifice que lui en faisait sa mère; dans sa joie, elle oublia de la remercier et courut se montrer à son frère, qui ne pouvait se décider à quitter son uniforme.

Ils se promenèrent longtemps en long et en large dans le salon, se regardant avec orgueil et comptant sur des succès extraordinaires à Paris.

SIMPLICIE.

Tes camarades de pension n'oseront pas te tourmenter avec tes beaux habits.

INNOCENT.

Je crois bien! Ce n'est pas comme dans leurs vestes étriquées! On n'a pas ménagé l'étoffe dans les miens; on leur portera respect, je t'en réponds.

SIMPLICIE.

Et moi! Quand ces demoiselles me verront! Camille, Madeleine, Élisabeth, Valentine, Henriette et les autres? Elles n'ont rien d'aussi beau, bien certainement.

INNOCENT.

Elles vont crever de jalousie....

SIMPLICIE.

D'autant qu'on ne trouve plus d'étoffes pareilles, à ce que m'a dit maman.

INNOCENT.

Comme on nous traitera avec respect quand on nous verra si bien habillés !

SIMPLICIE.

Il ne faudra plus bouder, n'est-ce pas ?

INNOCENT.

Non, non ; il faut au contraire être gais et aimables. »

Leur entretien fut interrompu par Prudence, qui venait chercher les habits neufs pour les emballer; Innocent et Simplicie se déshabillèrent avec regret et allèrent aider leur mère et leur bonne à tout préparer pour le départ, qui devait avoir lieu le surlendemain.

II

LE DEPART

Ces derniers jours se passèrent lentement et tristement; M. Gargilier regrettait presque d'avoir consenti à la leçon d'ennui et de déception que méritaient si bien ses enfants. Mme Gargilier s'affligeait et s'inquiétait de cette longue séparation à laquelle elle n'avait consenti qu'à regret; les enfants eux-mêmes commençaient à entrevoir que leurs espérances de bonheur pourraient bien ne pas se réaliser.

L'heure du départ sonna enfin; Mme Gargilier pleurait, M. Gargilier était fort ému. Simplicie ne retenait plus ses larmes et désirait presque ne pas partir; Innocent cherchait à cacher son émotion et plaisantait sa sœur sur les pleurs qu'elle versait. Prudence paraissait fort mécontente.

« Allons, Mam'selle, montez en voiture; il faut partir puisque c'est vous qui l'avez voulu!

— Adieu, Simplicie ; adieu, mon enfant », dit la mère en embrassant sa fille une dernière fois.

Simplicie ne répondit qu'en embrassant tendrement sa mère ; elle craignit de n'avoir plus le courage de la quitter si elle s'abandonnait à son attendrissement, et Simplicie voulait à toute force voir Paris.

Elle monta en voiture ; Innocent y était déjà. Prudence se plaça en face d'eux ; elle avait de l'humeur et elle la témoignait.

PRUDENCE.

Belle campagne que nous allons faire ! Je n'avais jamais pensé, Monsieur et Mam'selle, que vous auriez assez peu de cœur pour quitter comme ça votre papa et votre maman !

INNOCENT.

Mais, Prudence, c'est pour aller à Paris !

PRUDENCE.

Paris !... Paris ! Je me moque bien de votre Paris ! Une sale ville qui n'en finit pas, où on ne se rencontre pas, où on s'ennuie à mourir, où il y a des gens mauvais et voleurs à chaque coin de rue....

INNOCENT.

Prudence, tu ne connais pas Paris, tu ne peux pas en parler.

PRUDENCE.

Tiens ! faut-il ne parler que de ceux qu'on connaît ? Je ne connais pas Notre-Seigneur, et j'en parle pourtant tout comme si je l'avais vu. Ce n'est pas lui qui aurait tourmenté sa maman, la bonne sainte Vierge, pour aller à Paris !

L'heure du départ sonna enfin. (Page 17.)

INNOCENT.

Notre-Seigneur a été à Jérusalem ; c'était le Paris des Juifs.

PRUDENCE.

Laissez donc ! Vous ne me ferez pas croire cela, quand vous m'écorcheriez vive.... Tout de même, Mam'selle Simplicie a meilleur cœur que vous, Monsieur Innocent ; elle pleure tout au moins.

INNOCENT.

C'est parce qu'elle est fille et que les filles sont plus pleurnicheuses que les garçons.

PRUDENCE.

Ma foi, Monsieur, s'il est vrai, comme on dit, que les larmes viennent du cœur, ça prouve qu'elles ont le cœur plus tendre et meilleur. »

Innocent leva les épaules et ne continua pas une discussion inutile. Simplicie finit par essuyer ses larmes ; elle essaya de se consoler par la perspective de Paris. Ils arrivèrent bientôt à la petite ville d'où partait la diligence qui devait les mener au chemin de fer ; leurs places étaient retenues dans l'intérieur. Prudence fit charger sa malle sur la diligence ; il n'y en avait qu'une pour les trois voyageurs ; Prudence n'était pas riche en vêtements ; Innocent n'avait que son petit trousseau de pensionnaire ; Simplicie possédait, en dehors de ses quatre belles robes, deux robes de mérinos et peu d'accessoires.

« En route, les voyageurs pour Redon ! cria le conducteur. M. Gargilier, trois places d'intérieur ! »

Nos trois voyageurs prirent leurs places.

« M. Boginski, deux places! Mme Courtemiche, deux places! Mme Petitbeaudoit, une place! »

Les voyageurs montaient; il y avait six places, on y entassa les personnes que l'on venait d'appeler; Mme Courtemiche avait pris deux places pour elle et pour son chien, une grosse laide bête jaune, puante et méchante; elle se trouva voisine de Prudence qui, se voyant écrasée, poussa à gauche; la grosse bête, bien établie sur la banquette, grogna et montra les dents; Prudence la poussa plus fort; la bête se lança sur Prudence, qui para cette attaque par un vigoureux coup de poing sur l'échine; le chien jette des cris pitoyables. Mme Courtemiche venge son chéri par des cris et des injures. Le conducteur arrive, met la tête à la portière.

« Qu'est-ce qu'il y a donc? dit-il avec humeur.

MADAME COURTEMICHE.

Il y a que Madame, que voici, veut usurper la place de mon pauvre Chéri-Mignon, qu'elle l'a injurié, poussé, frappé, blessé peut-être.

PRUDENCE.

La diligence est pour les humains et pas pour les chiens; est-ce que je dois accepter la société d'une méchante bête puante, parce qu'il vous plaît de la traiter comme une créature humaine?

LE CONDUCTEUR.

Les chiens doivent être sur l'impériale avec les bagages; donnez-moi cette bête, que je la hisse.

MADAME COURTEMICHE.

Non, vous n'aurez pas mon pauvre Chéri-Mi-

« Qu'est-ce qu'il y a donc ? » dit-il avec humeur.

A. JOURDAIN

gnon; je ne le lâcherai pas, quand vous devriez me hisser avec.

— Tiens, c'est une idée, dit le conducteur en riant. Voyons, Madame, donnez-moi votre chien.

— Jamais! dit Mme Courtemiche avec majesté.

LE CONDUCTEUR.

Alors montez avec lui sur l'impériale.

MADAME COURTEMICHE.

J'ai payé mes places à l'intérieur.

LE CONDUCTEUR.

On vous rendra l'argent.

MADAME COURTEMICHE.

Eh bien, oui, je monterai, je n'abandonnerai pas Chéri-Mignon. »

Mme Courtemiche descendit de l'intérieur, suivit le conducteur et se prépara à grimper après lui l'échelle qu'on avait appliquée contre la voiture. A la seconde marche, elle trébucha, lâcha son chien, qui alla tomber en hurlant aux pieds d'un voyageur, et serait tombée elle-même sans l'aide d'un des garçons d'écurie resté au pied de l'échelle, et du conducteur, qui la saisit par le bras.

« Poussez, cria le conducteur; poussez, ou je lâche.

— Tirez! cria le garçon d'écurie; tirez, ou je tombe avec mon colis. »

Le conducteur avait beau tirer, le garçon avait beau pousser, Mme Courtemiche restait au même échelon, appelant d'une voix lamentable son Chéri-Mignon.

« Le voilà, votre Chéri-Mignon, dit un voyageur ennuyé de cette scène. A vous, conducteur! »

ajouta-t-il en ramassant le chien et en le lançant sur l'impériale.

Le voyageur avait mal pris son élan; le chien n'arriva pas jusqu'au sommet de la voiture; il retomba sur le sein de sa maîtresse, que le choc fit tomber sur le garçon d'écurie; et tous trois roulèrent sur les bottes de paille placées là heureusement pour le chargement de la voiture, entraînant avec eux le conducteur, qui n'avait pas pu dégager son bras de l'étreinte de Mme Courtemiche. La paille amortit le choc; mais le chien, écrasé par sa maîtresse, redoublait ses hurlements, le garçon d'écurie étouffait et appelait au secours, le conducteur ne parvenait pas à se dégager du châle de Mme Courtemiche, des pattes du chien et des coups de pied du garçon; les voyageurs riaient à gorge déployée de la triste position des quatre victimes. Enfin, avec un peu d'aide, quelques tapes au chien, quelques poussades à la dame et quelques secours au garçon, chacun se releva plus ou moins en colère

« Madame veut-elle qu'on la hisse? dit un des voyageurs.

— Je veux user de mes droits », répondit Mme Courtemiche d'une voix tonnante.

Et, saisissant son Chéri-Mignon de ses bras vigoureux, elle s'élança, avec plus d'agilité qu'on n'aurait pu lui en supposer, à la portière de l'intérieur restée ouverte. De deux coups de coude elle refit sa place et celle de Chéri-Mignon, et déclara qu'on ne l'en ferait plus bouger.

Les voyageurs riaient à gorge déployée.

Ses compagnons de l'intérieur voulaient réclamer, mais les autres voyageurs étaient impatients de partir, le conducteur se voyait en retard; sans écouter les lamentations de Prudence, de Mme Petitbeaudoit et des deux Polonais (c'est-à-dire de Boginski et de son compagnon), il monta sur le siège, fouetta les chevaux, et la diligence partit.

PRUDENCE.

Vous voilà donc revenue avec votre vilaine bête, Madame. Prenez garde toujours qu'elle ne gêne ni moi ni mes jeunes maîtres, et qu'elle ne nous empeste pas plus que de droit.

MADAME COURTEMICHE.

Qu'appelez-vous vilaine bête, Madame?

PRUDENCE.

Celle que vous avez sous le bras, Madame.

MADAME COURTEMICHE.

Bête vous-même, Madame.

PRUDENCE.

Vilaine vous-même, Madame.

— Mesdames, de grâce, dit Mme Petitbeaudoit, de la douceur, de la charité!

— Oui, Mesdames, reprit un des Polonais avec un accent très prononcé, donnez-nous la paix.

PRUDENCE.

Je ne demande pas mieux, moi, pourvu que le chien ne se mette pas de la partie comme tout à l'heure.

SECOND POLONAIS.

Moi vous promets que si chien ouvre sa gueule, moi faire taire.

PRUDENCE.

Avec quoi?

SECOND POLONAIS.

Avec le poignard qui a tué Russes à Ostrolenka.

PREMIER POLONAIS.

Et avec le bras qui a tué Russes à Varshava.

MADAME COURTEMICHE.

Ciel! mon pauvre Chéri-Mignon! Malheureux Polonais, la France qui vous reçoit, la France qui vous nourrit, la France qui vous protège! Et vous oserez percer le cœur d'un enfant de la France?

PREMIER POLONAIS.

Chien pas enfant de France; moi tuer chien, pas tuer Français

PRUDENCE, *riant.*

Ah! ah! ah! Je n'en demande pas tant; que ce chien reste seulement tranquille et ne nous ennuie pas. »

Innocent et Simplicie, placés en face de Prudence, de Mme Courtemiche et de son chien, étaient plus effrayés qu'amusés de tout ce qui s'était passé depuis qu'ils étaient installés dans la diligence. Le chien leur causait une grande terreur, sa maîtresse plus encore. Ils se tenaient blottis dans leur coin, ne quittant pas des yeux Chéri-Mignon, toujours prêt à montrer les dents et à s'en servir; Mme Courtemiche leur lançait des regards flamboyants, ainsi qu'aux Polonais, qu'elle prenait pour des assassins, des égorgeurs.

Mme Courtemiche gardait son chien sur ses genoux; Prudence, se voyant plus à l'aise, se calma entièrement : fatiguée de ses dernières veilles pour les préparatifs du départ, elle s'endormit; Innocent et Simplicie fermèrent aussi les yeux; le silence régnait dans cet intérieur si agité une demi-heure auparavant. Chacun dormit jusqu'au relais; il fallait encore deux heures de route.

Mais pendant ce calme, ce silence, Mme Courtemiche seule veillait. Chéri-Mignon flairait des provisions dans le panier que Prudence avait placé par terre sous ses jambes; il luttait depuis quelques instants contre sa maîtresse pour s'assurer du contenu du panier. Mme Courtemiche l'avait péniblement retenu tant qu'un œil ouvert pouvait le voir et le dénoncer. Mais quand elle vit le sommeil gagner tous ses compagnons de route, elle ne résista plus aux volontés de l'animal gourmand et gâté, et, le déposant doucement près du panier,

Les deux Polonais.

non seulement elle le laissa faire, mais encore elle aida au vol en défaisant sans bruit le papier qui enveloppait la viande. Chéri-Mignon fourra son nez dans le panier, saisit un gros morceau de veau froid, et se mit à le dévorer avec un appétit dont se réjouissait le faible cœur de sa sotte maîtresse. A peine avait-il avalé le dernier morceau que la diligence s'arrêta et que chacun se réveilla. Les chevaux furent bientôt attelés; la voiture repartit.

« Il est près de midi, dit Prudence : c'est l'heure de déjeuner; avez-vous faim, Monsieur Innocent et Mademoiselle Simplicie?

— Très faim, fut la réponse des deux enfants.

— Alors nous pouvons déjeuner, et si ces messieurs les Polonais ont bon appétit, nous trouverons bien un morceau à leur offrir. »

Les yeux des Polonais brillèrent, leurs bouches s'ouvrirent; les pauvres gens n'avaient rien mangé depuis la veille, pour ménager leur maigre bourse et pouvoir payer le dîner au Mans. Prudence les avait pris en amitié à cause de leurs menaces contre le chien; elle reçut avec plaisir les vifs remercîments des deux affamés.

Prudence se baisse, prend le panier, le trouve léger, y jette un prompt et méfiant regard.

« On a fouillé dans le panier! s'écrie-t-elle. On a pris la viande! Un morceau de veau, blanc comme du poulet, pas un nerf, et pesant cinq livres! »

Prudence lève son visage étincelant de colère; elle parcourt de l'œil tous ses compagnons de route; les Polonais désappointés, Mme Petitbeaudoit stupéfaite ne font naître aucun soupçon. L'air mielleux et placide de Mme Courtemiche éveille sa méfiance : Chéri-Mignon a le museau gras, il y passe sans cesse la langue; son ventre est gonflé outre mesure; de petits morceaux de papier gras paraissent sur son front et sur une de ses oreilles.

« Voilà le voleur! s'écrie Prudence. C'est ce chien maudit qui a mangé notre déjeuner, notre meilleur morceau! un morceau que j'avais choisi entre cent chez le boucher, que j'avais fait rôtir avec tant de soin! Messieurs les Polonais, vengez-nous! »

A peine Prudence avait-elle proféré ces derniers mots, à peine Mme Courtemiche avait-elle eu le temps de frémir devant la vengeance qu'elle prévoyait, que les deux Polonais, obéissant à un même sentiment, s'étaient élancés sur le chien et l'avaient précipité sur la grande route par la glace restée ouverte.

La stupéfaction de Mme Courtemiche donna à la diligence, lancée au galop, le temps de faire un assez long trajet avant qu'elle fût revenue de son saisissement. Un silence solennel régnait dans l'intérieur; chacun contemplait Mme Courtemiche et se demandait à quel excès pourrait se porter sa colère. Son visage, devenu violet, commençait à blêmir; sa lèvre inférieure tremblait, ses mains se crispaient. Elle cherchait à faire expier à Prudence le secours que lui avaient accordé les Polonais;

elle n'osait pourtant s'attaquer à Prudence elle-même ; mais l'attachement qu'elle paraissait avoir pour ses jeunes maîtres dirigea l'attaque de Mme Courtemiche. Elle poussa un cri sauvage, et, s'élançant sur Innocent avant que personne eût pu l'arrêter, elle lui appliqua soufflet sur soufflet, coup de poing sur coup de poing. Prudence n'avait pas encore eu le temps de s'interposer entre cette femme furieuse et sa victime, que les Polonais avaient ouvert la portière placée au fond de la voiture, et, profitant d'un moment d'arrêt, ils avaient saisi Mme Courtemiche et l'avaient déposée un peu rudement sur la même grande route où avait été lancé son Chéri-Mignon. La diligence, en s'éloignant, leur laissa voir longtemps encore Mme Courtemiche, d'abord assise sur la grande route, puis levée et menaçant du poing la voiture qui disparaissait rapidement à ses regards. Prudence approuva et remercia les Polonais, Mme Petitbeaudoit les blâma et leur dit qu'il pourrait

Le chien est précipité sur la route.

leur en arriver des désagréments ; les Polonais s'en moquèrent et demandèrent à Prudence d'examiner le panier et ce qui restait. On profita des places qui restaient libres pour se mettre à l'aise et pour défaire tout ce que renfermait le panier.

La prévoyance de la bonne reçut sa récompense ; on trouva encore un gros morceau de jambon, des œufs durs, des pommes de terre, des galettes et force poires et pommes. Le vin et le cidre n'avaient pas été oubliés. Dans la joie de sa vengeance satisfaite, Prudence invita aussi Mme Petitbeaudoit à partager leur repas : mais elle avait déjeuné avant de partir et ne voulait rien devoir à Prudence, dont le langage et les allures ne lui convenaient guère.

Ils l'avaient déposée un peu rudement.

Les cinq autres convives s'acquittèrent si bien de leurs fonctions, que le panier demeura entièrement vide ; les Polonais en avaient consommé les trois quarts ; quand Simplicie demanda encore une poire et de la galette, tout était mangé. Prudence se repentit de n'avoir pas mieux surveillé et ménagé les provisions ; elle jeta un regard de travers aux Polonais ; ceux-ci étaient rassasiés et contents : ils ne bougèrent plus jusqu'à l'arrivée à Laval, où les voyageurs descendirent pour attendre le train qui devait les mener à Paris.

III

LE CHEMIN DE FER

« J'espère que nous serons plus agréablement en chemin de fer que dans cette vilaine diligence », dit Simplicie.

C'étaient les premières paroles qu'elle prononçait depuis leur départ; Mme Courtemiche et son chien l'avaient terrifiée ainsi qu'Innocent.

« Faites enregistrer votre bagage! cria un employé.

— Ou faut-il aller? dit Prudence.

— Par ici, Madame, dans la salle des bagages.

— Prenez vos billets, dit un second employé. On n'enregistre pas les bagages sans billets. »

Prudence ne savait auquel entendre, où aller, à qui s'adresser; Simplicie à sa droite, Innocent à sa gauche gênaient ses mouvements; elle demandait sa malle aux voyageurs, qui l'envoyaient promener, les uns en riant, les autres en jurant. Enfin, les Polonais lui vinrent obligeamment en aide : l'un se chargea des billets, l'autre du bagage. En quelques minutes tout fut en règle. Prudence remerciait les Polonais, qui se rengorgeaient; ils la firent entrer dans la salle d'attente des troisièmes; par habitude d'économie, ils avaient pris des troisièmes pour leurs trois protégés comme pour eux-mêmes.

« Comme on est mal ici! dit Innocent.

— Il n'y a que des blouses et des bonnets ronds, dit Simplicie.

— La blouse vous gêne donc, Mam'selle? s'écria un ouvrier à la face réjouie. La blouse n'est pourtant pas méchante,... quand on ne l'agace pas.

— Est-ce que vous préféreriez le voisinage d'une crinoline qui vous écrase les genoux, qui vous serre les hanches, qui vous bat dans les jambes? » ajouta une brave femme à bonnet rond, en regardant de travers Innocent et Simplicie.

Simplicie eut peur; elle se serra contre Prudence : celle-ci se leva toute droite, le poing sur la hanche.

« Prenez garde à votre langue, ma bonne femme. Mam'selle Simplicie n'a pas l'habitude qu'on lui parle rude; son papa, M. Gargilier, est un gros propriétaire d'à huit lieues d'ici, je vous en préviens, et....

— Laissez-moi tranquille avec votre Monsieur propriétaire. Je m'en moque pas mal, moi. Je ne veux pas qu'on me méprise, moi et mon bonnet rond, et je parlerai si je veux et comme je veux.

—Bien, la mère! reprit l'ouvrier à face réjouie. C'est votre droit de vous défendre ; mais tout de même, je pense que Mam'selle... Simplicie, puisque Simplicie il y a, n'y a pas mis de malice ; la voilà tout effrayée, voyez-vous ; les malicieux, ça ne s'effarouche pas pour si peu. N'ayez pas peur, Mam'selle ; vous n'êtes pas des habitués de troisièmes, je crois bien. Tenez votre langue et on ne vous dira rien, non plus qu'à ce grand garçon qu'on dirait passé dans une filière, ni à cette brave dame qui veille sur vous comme une poule sur ses poussins. »

La bonhomie de

Les voyageurs se précipitèrent sur le quai. (Page 40.)

l'ouvrier calma la bonne femme et rassura Prudence, Innocent et Simplicie. Peu d'instants après, le sifflet, la cloche et l'appel des employés annoncèrent l'arrivée du train; les portes s'ouvrirent; les voyageurs se précipitèrent sur le quai, et chacun chercha une place convenable dans les wagons.

Prudence voulut entrer dans les premières; les employés la repoussèrent; dans les secondes, elle fut renvoyée aux troisièmes, dont l'aspect lui parut si peu agréable qu'elle commença une lutte pour arriver du moins aux secondes. Mais les employés, trop occupés pour continuer la querelle, s'éloignèrent, la laissant sur le quai avec les enfants.

« Train va partir! cria un des Polonais établi dans un wagon de troisième.

— Montez vite! » cria le second Polonais.

Prudence hésitait encore; le premier coup de sifflet était donné; les deux Polonais s'élancèrent sur le quai, saisirent Prudence, Innocent et Simplicie, les entraînèrent dans leur wagon et refermèrent la portière. Au même instant le train s'ébranla, et Prudence commença à se reconnaître. Elle était entre ses deux jeunes maîtres et en face des Polonais; le wagon était plein, il y avait trois nourrices munies de deux nourrissons chacune, un homme ivre et un grand Anglais à longues dents.

BOGINSKI.

Sans nous, vous restiez à Laval, Madame, et vous perdiez places et malle.

« Ne nous ennuyez pas avec votre poupon. » (Page 14.)

PRUDENCE.

La malle! Seigneur Jésus! Où est-elle, la malle? Qu'en ont-ils fait?

BOGINSKI.

Elle est dans bagage, Madame; soyez tranquille, malle jamais perdue avec chemin de fer. »

Prudence prenait confiance dans les Polonais; elle ne s'inquiéta donc plus de sa malle et commença l'examen des voyageurs; les poupons criaient tantôt un à un, tantôt tous ensemble. Les nourrices faisaient boire l'un, changeaient, secouaient l'autre; les couches salies restaient sur le plancher pour sécher et pour perdre leur odeur repoussante. Simplicie était en lutte avec une nourrice qui lui déposait un de ses nourrissons sur le bras. La nourrice ne se décourageait pas et recommençait sans cesse ses tentatives. Simplicie sentit un premier regret d'avoir quitté la maison maternelle; ce voyage dont elle se faisait une fête, qui devait être si gai, si charmant, avait commencé terriblement, et continuait fort désagréablement.

L'Anglais.

« Prudence, dit-elle enfin à l'oreille de sa bonne, prends ma place, je t'en prie, et donne-moi la tienne; cette nourrice met toujours son sale enfant sur moi; tu la repousseras mieux que moi. »

Prudence ne se le fit pas dire deux fois; elle se leva, changea de place avec Simplicie, et, regardant la nourrice d'un air peu conciliant, elle lui dit en se posant carrément dans sa place :

« Ne nous ennuyez pas avec votre poupon, la nourrice. C'est vous qui en êtes chargée, n'est-ce pas? C'est vous qui gardez l'argent qu'il vous rapporte? Gardez donc aussi votre marmot : je n'en veux point, moi; vous êtes avertie; tant pis pour lui si j'ai à le pousser. Je pousse rudement, je vous en préviens.

LA NOURRICE.

En quoi qu'il vous gêne, mon enfant? Le pauvre innocent ne sait pas seulement ce que vous lui voulez.

PRUDENCE.

Aussi n'est-ce pas à lui que je m'adresse, mais à vous. Je ne veux que la paix, moi, et pas autre chose.

— La paix armée, je crois, dit le grand Anglais avec un accent très prononcé.

LA NOURRICE.

Ah! vous êtes un milord, vous! Ne vous mêlez pas de nos affaires, s'il vous plaît. Quand les Anglais vous arrivent à la traverse, ils font toujours du gâchis!

— Quoi c'est gâchis? » demanda l'Anglais.

Un des Polonais voulut expliquer à l'Anglais dans son jargon ce qu'on entend en français par le mot *gâchis*; il mêla à son explication quelques mots piquants contre le gouvernement anglais dans les affaires de l'Europe.

« Moi comprends pas », dit l'Anglais avec calme,

Mais les Polonais dévoraient avec rapidité. (Page 17.)

et il resta silencieux; mais sa rougeur, son air mécontent prouvaient qu'il avait compris.

Prudence approuvait le Polonais du sourire; on approchait du Mans; les Polonais espéraient voir récompenser leur persévérance à aider et soutenir Prudence et ses enfants par une invitation à dîner.

Leur espoir ne fut pas trompé. Quand le train s'arrêta et que les Polonais eurent fait comprendre à Prudence que les voyageurs descendaient pour dîner, elle sortit du wagon avec Innocent et Simplicie, escortée de ses deux gardes du corps, qui la firent placer à table. Ils allaient faire mine de se retirer, quand Prudence, effrayée du bruit et du mouvement, leur proposa de se mettre à table avec eux et de les faire servir. Les Polonais se regardèrent d'un air triomphant et prirent place, l'un à la droite, l'autre à la gauche de leurs trois protégés et bienfaiteurs. Le service se fit rapidement; Prudence et les enfants mangeaient et buvaient comme s'ils avaient la soirée devant eux; mais les Polonais dévoraient avec rapidité; ils connaissaient le prix du temps en chemin de fer.

Quand les employés crièrent : « En voiture, Messieurs! en voiture! » les Polonais avaient bu et mangé tout ce qu'ils avaient devant eux et tout ce qu'on leur avait servi. Prudence et les enfants commençaient leur rôti.

« Comment! en voiture! Mais nous n'avons pas fini. Dites donc, conducteur, attendez un peu; laissez-nous finir », dit Prudence alarmée.

La cloche sonna. « En voiture, Messieurs! » fut

la seule réponse qu'elle reçut. Les Polonais se chargèrent du payement avec la bourse de Prudence; elle profita de ces courts instants pour remplir ses poches de poulet, de gâteaux, de pommes, et se laissa entraîner ensuite par les Polonais. Ils lui firent retrouver son wagon qu'elle avait perdu, et chacun reprit sa place, excepté le milord, qui avait changé de compartiment, et l'homme ivre, qu'on avait tiré du wagon et qu'on avait couché sur un des bancs de la salle des bagages.

IV

ARRIVÉE ET DÉSAPPOINTEMENT

Simplicie et Innocent achevèrent leur voyage silencieusement comme ils l'avaient commencé. Ils furent enchantés d'arriver enfin à Paris, objet de leurs vœux. Ils s'attendaient à voir leur tante avec ses gens et une voiture, les attendant à la gare. Personne ne vint les réclamer. Les enfants étaient désappointés; Prudence était effrayée. Qu'allaient-ils devenir, au milieu de ce monde agité, de ce bruit? Heureusement les Polonais étaient encore à ses côtés et l'aidèrent, comme à Redon, à sortir d'embarras. Quand elle eut sa malle, quand les Polonais lui eurent fait avancer un fiacre et l'y eurent fait entrer, en lui demandant où il fallait aller, la pauvre Prudence resta terrifiée; elle avait oublié l'adresse de la tante des enfants et elle ne retrouvait pas sur elle la lettre que M. Gargilier lui avait remise pour sa sœur.

La terreur de Prudence gagna les enfants; ils se mirent à pleurer. Le cocher s'impatientait; les Polonais ne bougeaient pas; un nouvel espoir se glissait dans leur cœur. Prudence serait obligée de coucher dans un hôtel, ils lui offriraient de la garder jusqu'à ce qu'elle eût retrouvé la tante perdue, et ils vivraient jusque-là sans rien dépenser.

« Que faire? où aller? s'écria Prudence éperdue.

— Malheureux voyage! s'écria Simplicie.

— Où coucherons-nous? s'écria Innocent.

— Ça pas difficile, dit un des Polonais. Moi connaître hôtel excellent pour coucher et manger.

— Excellents Polonais! sauvez-nous. Menez-nous dans quelque maison où mes jeunes maîtres soient en sûreté, et ne nous quittez pas, ne nous abandonnez pas.

— Rue de la Clef, 25! crièrent les Polonais en sautant dans le fiacre.

— C'est diablement loin », murmura le cocher en refermant la portière avec humeur.

Le fiacre se mit en route; Prudence, tranquillisée par la présence de ses sauveurs, se mit à regarder avec une admiration croissante les boutiques, les lanternes, le mouvement incessant des voitures et des piétons.

Le cœur des Polonais nageait dans la joie; leur petite bourse restait intacte; ils avaient vécu toute la journée aux dépens des Gargilier, et ils étaient certains de pouvoir continuer leur protection intéressée pendant deux ou trois jours encore.

Innocent et Simplicie pleuraient leurs espérances

trompées; ils étaient humiliés, désolés et déjà découragés. Les exclamations de Prudence les tirèrent pourtant de leur abattement, et ils admirèrent à leur tour, en longeant les quais, cette longue file de lumières reflétée dans l'eau et ces boutiques si bien éclairées.

Enfin, ils arrivèrent rue de la Clef, 25. La maison était de pauvre apparence; les Polonais descendirent et demandèrent les logements nécessaires. Il fallut payer d'avance; Prudence leur remit dix francs, prix des cinq lits nécessaires pour la nuit. On descendit la malle de dessus l'impériale; on la monta le long de l'escalier sale, sombre et infect qui menait aux logements arrêtés, et on entra dans un appartement composé de deux pièces; la première était sans croisées et contenait deux lits pour les Polonais. La seconde avait une fenêtre et trois lits pour Prudence et les enfants. On leur apporta leur malle, une chandelle pour eux et une autre pour la première pièce.

« Madame a-t-elle besoin de quelque chose? demanda la fille.

— Rien, rien », répondit tristement Prudence.

La fille se retira en fermant la porte; les Polonais avaient allumé chacun leur pipe; ils fumaient et chantaient à mi-voix : *Bozé cos Polski*, en action de grâces de la bonne chance que le bon Dieu leur avait envoyée.

« Nous heureux! nous heureux! disait à mi-voix Cozrgbrlewski.

— Pourvu cela dure, répondit de même Boginski. Si elle ne peut avoir l'adresse qu'en écrivant à père !

COZRGBRLEWSKI.

Non, non, pas comme ça ! Est facile à arranger. Nous aiderons à défaire paquets et chercher lettre ; et si je trouve !

BOGINSKI.

Que feras-tu ?

COZRGBRLEWSKI.

Tu verras ! Ferons chose ensemble.

— Messieurs les Polonais, êtes-vous couchés ? dit la voix lamentable de Prudence.

— Non, non, Madame ; toujours à votre service, répondirent-ils d'un commun accord en s'élançant dans la chambre.

— Je ne trouve pas la clef de ma malle ; nos effets de nuit sont dedans ; nous ne pouvons rien avoir.

— Mille tonnerres ! Comment faire, Boginski ?

— Donne-moi quelque chose ; as-tu un crochet ? »

Cozrgbrlewski tira de sa poche un crochet ; il le fit entrer lui-même dans la serrure de la malle, tourna, retourna, et, à force de tourner et de fouiller, il parvint à ouvrir la malle. La première chose qu'il aperçut fut la lettre de M. Gargilier à Mme Bonbeck, rue Godot, n° 15. Il répéta plusieurs fois en lui-même cette précieuse adresse et fit ensuite une exclamation de surprise comme s'il venait de découvrir la lettre.

« Quoi ! s'écria Prudence, la malle serait-elle vide ?

LES DEUX NIGAUDS 53

— Bonheur, Madame, bonheur! Voici lettre!
— Imbécile! lui dit Boginski à l'oreille.
— Tu verras; tais-toi, répondit de même Cozrgbrlewski.
— Ma lettre! merci, Messieurs, merci! Que de reconnaissance nous vous devons! Que de services vous nous avez rendus! »

Les Polonais saluèrent d'un air satisfait et se retirèrent dans leur chambre, laissant Prudence et les enfants fouiller dans la malle pour y retrouver leurs affaires de nuit. Quand ils eurent fermé la porte:

BOGINSKI.

Pourquoi toi rendre lettre, imbécile? Nous maintenant devenus inutiles.

COZRGBRLEWSKI.

Imbécile toi-même! Toi pas voir pourquoi? Moi courir vite chez Bonbeck; dire à elle que neveu, nièce et bonne dame perdus, embarrassés. Elle contente; nous ramener à elle neveu, nièce et bonne dame; tous remercier, contents; inviter toi, moi à venir voir; et nous dîner, déjeuner, tout. Et puis moi commence à aimer les petits et la dame; eux tristes; elle très bonne, et confiante en nous.

— Très bien, répondit Boginski; moi rester, toi vite partir chez Bonbeck. »

Cozrgbrlewski prit sa vieille casquette dix fois raccommodée, descendit l'escalier, sauta dans la rue et partit en courant.

Pendant qu'il courait, les enfants regardaient tristement leurs lits sales et vieux. Simplicie pensait à celui qu'elle avait eu chez sa mère et soupirait.

Innocent faisait les mêmes réflexions et répondait par des soupirs à ceux de sa sœur.

« Eh bien, qu'avez-vous, Monsieur et Mam'selle ? N'êtes-vous pas contents ? Ne sommes-nous pas à Paris, votre beau Paris ? Jolies auberges, vraiment ! Beau plaisir ! Voyage bien agréable ! Bonne nuit que nous allons passer !

— Mon Dieu, mon Dieu ! s'écria Simplicie, laissant couler ses larmes, si j'avais deviné tout cela, je n'aurais jamais demandé à venir à Paris.

INNOCENT.

Attends donc ! Tu vois que nous sommes perdus ! Demain nous irons chez ma tante ; c'est alors que nous serons bien. C'est la faute de Prudence, qui a mis la lettre de papa dans la malle.

PRUDENCE.

Et où fallait-il donc que je la misse, Monsieur ?

INNOCENT.

Dans ta poche ! tu l'aurais trouvée en arrivant.

PRUDENCE.

C'est facile à dire : dans ta poche. Ma poche est si bourrée qu'on n'y ferait pas entrer une épingle. Est-ce aussi ma faute si ce gueux de chien et sa méchante maîtresse nous ont volé, mangé nos provisions ? Et puis tout le reste, est-ce ma faute aussi ?

INNOCENT.

Je ne dis pas cela, Prudence ; seulement je dis que..., que..., enfin que c'est ta faute.

PRUDENCE.

C'est cela ! Et moi, je dis que si vous n'aviez

pas pleurniché, ennuyé, assoté votre papa et votre maman, on ne nous aurait pas envoyés à Paris, et que nous serions restés tranquillement chez nous.

SIMPLICIE.

C'est ta faute, Innocent; c'est toi qui m'as dit de pleurer et de bouder.

INNOCENT.

Eh bien, n'avons-nous pas réussi ? Tu verras demain comme tu seras contente !... Je suis fatigué, j'ai sommeil », ajouta-t-il en bâillant.

Les enfants se couchèrent; Prudence se coucha aussi après avoir rangé sa malle, mais ce ne fut pas pour dormir. A peine la chandelle fut-elle éteinte, que des centaines, des milliers de punaises commencèrent leur repas sur le corps des trois dormeurs.

A peine la chandelle fut-elle éteinte....

Ils se tournaient, s'agitaient dans leurs lits; ils écrasaient les punaises par centaines; d'autres revenaient, et toujours et toujours. Simplicie se grattait, se relevait, se recouchait, gémissait, pleurait. Innocent grognait, se fâchait, tapait son lit à coups de poing. Prudence comprimait sa colère, maudissait Paris, sans oser toutefois maudire la fantaisie absurde des enfants et l'incroyable faiblesse des parents. Le jour vint; les punaises se retirèrent bien repues, bien gonflées du sang de leurs victimes, et les trois infortunés, succombant à la fatigue, s'endormirent si profondément, qu'ils n'entendirent l'appel des Polonais qu'au troisième coup de poing qui ébranlait la porte. Il faisait grand jour; il était neuf heures.

« Quoi? qu'est-ce? que me veut-on? s'écria Prudence à moitié endormie.

BOGINSKI.

Il est neuf heures, Madame. Tante Bonbeck attend à dix. Faut partir bientôt.

PRUDENCE.

Je ne comprends pas. Comment Mme Bonbeck sait-elle que nous sommes ici?

BOGINSKI.

Mon ami est allé dire hier soir; il a lu l'adresse sur lettre, a couru pour aider.

PRUDENCE.

Excellents Polonais! vous serez récompensés! Vite, Monsieur, Mademoiselle, levez-vous.... Levez-vous promptement et partons.

COZRGBRLEWSKI.

Pas partir sans manger; pas sain à Paris sortir sans setomac plein. Voilà café prêt.

PRUDENCE.

Merci, chers sauveurs! Cinq minutes et nous sommes prêts. »

La toilette ne fut pas longue; un peu d'eau aux mains et au visage, un coup de brosse aux cheveux emmêlés, et la porte fut ouverte par Prudence pour donner passage aux Polonais apportant un plateau chargé de tasses, de café, lait, sucre, pain, beurre.

« Vous permettez-nous manger avec vous? dit Boginski.

— Avec plaisir et reconnaissance, chers protecteurs », répondit Prudence attendrie.

Ils avaient tous faim et tous mangèrent copieusement; mais, entre tous, les Polonais se distinguèrent par leur appétit vorace; le pain de six livres, le litre de café, la cruche de lait, la motte de beurre, le sucrier plein furent engloutis par les Polonais affamés. Lorsqu'il n'y eut plus rien à manger, ils se levèrent, regardèrent Prudence et les enfants, et ne purent s'empêcher de sourire en voyant leurs visages rouges et bouffis.

« C'est puces qui ont mangé visage? demanda Boginski en cherchant à prendre un air de compassion.

PRUDENCE.

Non, ce sont des punaises; nous n'avons pas dormi jusqu'au jour. Je ne pensais pas qu'à Paris on fût mangé de punaises.

GOZRGBRLEWSKI.

Paris grand! Place pour tous.

— Il faut payer et partir, Madame, dit Boginski d'un air aimable.

PRUDENCE.

A qui faut-il payer?

BOGINSKI.

Moi vous épargner la peine. Donnez argent, et moi aller payer. »

Prudence remercia, salua et remit à son protecteur une pièce de vingt francs. Boginski revint bientôt, lui apportant douze francs de monnaie.

V

MADAME BONBECK

Prudence acheva de tout ranger dans la malle, que les Polonais chargèrent sur leurs épaules, et tous descendirent l'escalier noir et tortueux, qui les mena jusque dans la rue. La malle fut posée à terre; Cozrgbrlewski courut chercher un fiacre, qu'il ne tarda pas à amener à la porte; on plaça la malle sur l'impériale; Prudence, Innocent, Simplicie et les Polonais s'entassèrent dans le fiacre.

« 15, rue Godot! » cria Boginski; et le fiacre partit. A dix heures sonnantes, il s'arrêta à l'adresse indiquée. Tous descendirent; on prit la malle.

« Mme Bonbeck? dit Boginski au portier après avoir payé le fiacre avec l'argent de Prudence.

— Au cinquième, au bout du corridor, première porte à gauche », répondit le portier sans regarder les entrants.

Tous montèrent; au troisième étage ils commencèrent à ralentir le pas, à souffler, à s'arrêter.

« Comme ma tante demeure haut! dit Simplicie.

— L'escalier est joli et clair! dit Innocent.

— Diable de Paris! marmotta Prudence. Tout y est incommode et pas du tout comme chez nous. Cette idée de bâtir des maisons qui n'en finissent pas; étage sur étage! Ça n'a pas de bon sens!

— Ouf! » dirent les Polonais en déposant lourdement leur charge à la porte de Mme Bonbeck.

Boginski, qui était au fait des usages de Paris, tira le cordon de la sonnette; une femme assez sale et d'apparence maussade vint ouvrir.

« Qui demandez-vous? dit-elle d'un ton bref. C'est vous qui êtes venu hier soir pour parler à Madame?

— Oui, Madame, et nous demander Bonbeck, dit Cozrgbrlewski.

— Qu'est c'est que ça, Bonbeck? répondit la bonne en fronçant le sourcil.

— Mme Bonbeck, tante de M. Innocent que voici et de Mlle Simplicie que voilà, s'empressa de répondre Prudence en faisant force révérences.

— Entrez, reprit la bonne en s'adoucissant.... Et ces messieurs, entrent-ils aussi? Qu'est-ce qu'ils veulent?

— Nous amis de Madame et des enfants; nous les défendre, les aider beaucoup.

— Ce sont nos protecteurs, nos sauveurs, reprit Prudence avec vivacité.

— Entrez tous, continua la bonne, en jetant

toutefois sur les Polonais un regard de méfiance.

— Sac à papier! sabre de bois! vas-tu me laisser aller, toi, l'amour des chiens! » cria une voix presque masculine.

Au même instant, la porte du salon s'ouvrit, et Mme Bonbeck fit son entrée tenant par les oreilles un superbe épagneul qui sautait sur elle et gênait sa marche.

C'était une femme de soixante-dix ans, sèche, vigoureuse, décidée, taille moyenne, cheveux gris, tête nue, petits yeux gris malicieux, nez recourbé, bouche maligne; l'ensemble bizarre et conservant des restes de beauté.

« Des maisons qui n'en finissent pas! »

« A bas! l'amour des chiens! Va embrasser tes nouveaux compagnons! Bonjour, Simplette; bonjour, pauvre Innocent; bonjour, dame Prude. On vous a annoncés hier soir; je vous attendais; je n'ai pas été vous prendre à la gare, comme le demandait mon frère, parce que j'avais de la musique... chez moi, mais j'ai bien pensé que vous vous tireriez d'affaire sans moi. Ah! ah! ah! quelles mines vous avez!... Allons donc, n'allongez pas vos visages! Sont-ils rouges! sont-ils drôles! Et vous autres, grands nigauds! Des Polonais, pas vrai? Je vous reconnais, mes gaillards. Allons, entrez tous chez la vieille tante. Pas de cérémonies, et pas d'air guindé! J'aime qu'on rie, moi! Celui qui ne rit pas n'a pas une bonne conscience! Par ici, l'amour des chiens, par ici; fais-leur voir comme tu es bon ami avec l'amour des chats.... Tenez, voyez-moi ça! Voyez cet amour de chat! un peu pelé parce qu'il est vieux comme sa maîtresse, et qu'il bataille par-ci par-là avec l'amour des chiens. A bas! à bas! l'amour des chats! Voyons, pas de batailles! A bas! l'amour des chiens! Sac à papier! A bas, je dis! »

L'amour des chiens, l'amour des chats n'écoutaient pas les paroles conciliantes de leur maîtresse, ils se battaient comme des enragés; l'amour des chiens arrachait à belles dents les poils déjà endommagés de son ami; l'amour des chats griffait à pleines griffes le nez, les oreilles, les yeux de son camarade. Mme Bonbeck criait, se jetait entre eux, tapait l'un, tapait l'autre, sans pouvoir les séparer.

« Satanées bêtes! s'écria-t-elle. Ah! vous en voulez! On y va, on y va! »

Mme Bonbeck.

Et, saisissant un fouet, elle distribua des avertissements si frappants, que chien et chat se séparèrent et se réfugièrent dans leurs coins, hurlant et miaulant.

Mme Bonbeck remit son fouet en place, s'approcha en riant des enfants consternés, de Prudence pétrifiée et des Polonais ébahis :

« Voilà ma manière, dit-elle. Je fais tout rondement. Allons, entrez au salon. Prude, ma fille, va-t'en dans ta chambre; range tout, Croquemitaine t'aidera. C'est ma bonne que j'appelle Croquemitaine, parce qu'elle a toujours l'air de vouloir avaler tout le monde. Allons, ajouta-t-elle en poussant à deux mains les enfants et les Polonais, je veux qu'on rie, moi. Ah! ah! ah! ont-ils l'air effarés! Je ne vous mangerai pas, allez!

COZRGBRLEWSKI.

Moi pas me laisser avaler, pas passer. Gorge étroite, moi large!

MADAME BONBECK.

Bien dit, mon garçon! Comment vous appelez-vous?

COZRGBRLEWSKI.

Cozrgbrlewski, Mâme Bonbeck.

MADAME BONBECK.

Eh? Coz.... quoi?

COZRGBRLEWSKI.

Cozrgbrlewski, Mâme Bonbeck.

MADAME BONBECK.

Diable de nom! Ces Polonais, ça a des noms qu'une langue française ne peut pas prononcer.

BOGINSKI.

Langue française douce, jolie, bonne, comme dames français.

MADAME BONBECK.

Tiens, tiens, vous êtes le flatteur de la bande ! C'est bien, mon ami ; c'est l'ancienne politesse française. Et comment vous appelez-vous ?

BOGINSKI.

Boginski, Madame Bonbeck.

MADAME BONBECK.

A la bonne heure ! Boginski ! c'est un nom chrétien, au moins. Coz...ki ! je ne vous appellerai pas souvent, vous. Et toi, Simplette, et toi, Innocent, allez-vous rester à tournoyer comme des toupies d'Allemagne ? Que veux-tu faire, toi ?

SIMPLICIE, *timidement*.

Ce que vous voudrez, ma tante.

MADAME BONBECK, *l'imitant*.

« Ce que vous voudrez, ma tante.... » Sotte, va ! Tâche d'avoir une volonté, sans quoi je t'en donnerai avec le fouet de l'amour des chiens et l'amour des chats. »

Simplicie frémit et regarda sa tante avec terreur.

MADAME BONBECK.

Et toi, Innocent, n'as-tu pas une volonté ?

INNOCENT.

Si, ma tante. Je veux entrer en pension.

MADAME BONBECK.

Pour quoi faire, imbécile ? Pour crever d'ennui ?

Elle distribua des avertissements si frappants... (Page 63.)

INNOCENT.

Je veux porter un uniforme comme Léonce, qui est entré au collège Stanislas.

MADAME BONBECK.

Si c'est pour porter un uniforme, je te ferai recevoir dans les enfants de troupe, grand nigaud ; tu aurais bien par-ci par-là quelques coups de fouet et tes camarades à tes trousses, mais tu courrais les champs et tu ne pâlirais pas sur ces diables de grec et de latin auxquels ils ne comprennent rien, quoi qu'ils en disent.

INNOCENT.

Papa veut bien que j'entre en pension, ma tante, et il m'a dit que j'entrerais dans la pension des *Jeunes savants*.

MADAME BONBECK.

Anes savants, tu veux dire, nigaud ? »

Innocent n'osa pas répliquer ; Mme Bonbeck lui donna en riant une tape sur les reins et s'assit dans un fauteuil. Elle interrogea les Polonais, qui lui racontèrent les aventures du voyage de Prudence et des enfants ; elle rit à se pâmer ; sa gaieté gagna les Polonais et même les enfants.

« Je vois que vous êtes de bons enfants, dit-elle aux Polonais. Où demeurez-vous ? que faites-vous ?

BOGINSKI.

Nous n'avons pas de demeure et pas rien à faire.

MADAME BONBECK.

De quoi vivez-vous ?

BOGINSKI.

Gouvernement donne un franc cinquante par jour.

MADAME BONBECK.

Mais c'est une horreur! Comment veut-on vous faire vivre avec si peu de chose? Écoutez-moi, mes amis; moi qui n'ai pas comme le gouvernement dix ou quinze mille Polonais à nourrir, je vous offre une chambrette chez moi. Je ne suis pas riche, mais j'ai bon cœur, moi. Vous m'aiderez à faire marcher mon ménage et vous aiderez Croquemitaine. Est-ce entendu? cela vous convient-il?

BOGINSKI.

Mâme Bonbeck très bonne; mon camarade et moi très contents, très reconnaissants. Nous faire tout pour Mâme Bonbeck et Mâme Croquemitaine.

MADAME BONBECK.

C'est bien; suivez-moi tous, je vais vous établir chacun chez vous. »

Mme Bonbeck sortit suivie des enfants, des Polonais, de l'amour des chiens et de l'amour des chats; ils marchèrent vers la cuisine en traversant la salle à manger, la chambre de Mme Bonbeck, la chambre destinée à Innocent, à Simplicie et à Prudence, ensuite un bout de corridor, puis la cuisine, où Croquemitaine fit connaissance avec Prudence.

MADAME BONBECK.

Tiens, Croquemitaine, je t'amène de bons garçons qui vont t'aider et qui nous feront rire.

CROQUEMITAINE.

Madame veut loger ces messieurs? Et où Madame veut-elle les mettre?

MADAME BONBECK.

C'est ton affaire, mets-les où tu voudras, couche-les comme tu pourras, et fais-les marcher rondement. Ils ont de drôles de noms, va; celui-ci s'appelle Boginski, et l'autre, Polonais pur sang, Cozrrrbrrgrr.... je ne sais quoi. Nous l'appellerons Coz pour abréger. Là! vous voilà installés, les Polonais. Venez, vous autres, et toi aussi, Prude, tu vas défaire la malle des enfants. »

Elle les mena dans leur chambre, donna une tape à l'un, tira l'oreille à l'autre, et les quitta en riant pour étudier sur son violon un morceau de Mozart qu'elle devait écorcher le soir avec trois ou quatre vieux amis qui grattaient comme elle du violon, de la contrebasse, ou qui soufflaient dans des flûtes.

« Innocent, dit Simplicie quand ils furent seuls avec Prudence, ma tante est singulière; elle me fait peur.

INNOCENT.

Pas à moi; il ne s'agit que de lui répondre et de la faire rire. C'est une bonne femme.

SIMPLICIE.

Bonne! tu as donc oublié comme elle a battu son chien et son chat?

INNOCENT.

Je crois bien; ils se battent quand elle veut nous faire voir comme ils sont bons amis!

SIMPLICIE.

Et puis, comme elle crie, comme elle rit fort, comme elle jure! Mon Dieu! que je vais être malheureuse! Pourquoi ne suis-je pas restée avec maman et papa?

INNOCENT.

Laisse donc! tu t'habitueras. Je te dis qu'elle est très bonne femme.

PRUDENCE.

Je ne sais pas où mettre nos affaires; il n'y a ni commode, ni armoire dans la chambre.

INNOCENT.

Tiens, voilà un grand placard avec six tablettes; mets tout cela dedans.

PRUDENCE.

C'est aisé à dire, mets tout cela dedans! où voulez-vous que j'accroche les robes de Mademoiselle et vos habits d'uniforme?

INNOCENT.

Laisse-les dans la malle; d'abord, pour les miens, j'espère bien les emporter bientôt à la pension.

PRUDENCE.

Et les robes de Mademoiselle, elles seront chiffonnées dans la malle.

INNOCENT.

Bah! il n'y a pas grand malheur! Ça ira tout de même.

SIMPLICIE.

Tu es bon, toi! Je ne veux pas que mes robes soient chiffonnées; je veux qu'on les accroche.

PRUDENCE.

Où Mademoiselle veut-elle que je les mette? Il n'y a ni armoires ni portemanteaux.

SIMPLICIE.

Je veux qu'on sorte mes robes.

INNOCENT.

Non, on ne les sortira pas.

SIMPLICIE.

Je te dis que si; je les sortirai moi-même. »

Simplicie voulut tirer ses robes hors de la malle; Innocent se jeta dessus et la repoussa. La lutte continua quelque temps assez silencieuse, mais petit à petit s'anima; des paroles on en vint aux tapes, et les enfants se querellaient avec acharnement, malgré les remontrances de la bonne, quand la tante Bonbeck entra pour connaître la cause des cris et du bruit qui troublaient sa musique.

« Diables d'enfants! allez-vous finir! A-t-on jamais vu des enragés pareils! Faut-il que je prenne mon fouet pour vous séparer comme l'amour des chiens et l'amour des chats? »

La menace fit son effet. Innocent lâcha Simplicie, qu'il tenait par ses jupes d'une main, pendant qu'il la tapait de l'autre, et Simplicie abaissa ses pieds qui battaient le tambour sur les jambes et les reins d'Innocent. La tante les fit approcher, les gratifia chacun d'une paire de claques, et retourna en riant à son violon.

Prudence resta ébahie de voir ainsi traiter ses jeunes maîtres; Innocent et Simplicie se frottaient les joues en pleurnichant tout bas.

« Tu vois comme elle est méchante, dit Simplicie à voix basse.

INNOCENT.

Elle tape joliment fort; sa main est sèche et dure comme du fer.

SIMPLICIE.

J'écrirai à maman que je ne veux pas rester chez elle.

INNOCENT.

Où iras-tu? Moi, c'est différent; j'irai à la pension des *Jeunes savants*. Prudence, prends la lettre que papa a écrite au maître de pension; nous irons la porter aujourd'hui.

PRUDENCE.

La voici dans mon portefeuille, monsieur Innocent. Mais comment trouverons-nous la rue et la maison?

INNOCENT.

Nous dirons à un des Polonais de nous y mener.

PRUDENCE.

C'est une bonne idée, ça. Je vais vite ranger vos effets, et nous appellerons les Polonais. »

Prudence, aidée d'Innocent et de Simplicie, parvint à tout mettre en ordre; elle mit le linge entre les matelas; elle enveloppa dans une serviette celui d'Innocent, dans une autre les habits et chaussures de collège; elle arrangea de son mieux ses robes et celles de Simplicie dans les deux compartiments de la malle; ensuite elle donna aux enfants de l'eau, du savon, des peignes et des brosses. Ils firent leur toilette et s'apprêtaient à sortir, quand Croquemitaine vint les prévenir qu'il était midi et que leur tante les attendait pour déjeuner.

Ils n'osèrent pas résister à la sommation, et, laissant Prudence déjeuner de son côté avec Croquemitaine, ils allèrent au salon.

« Arrivez donc, sapristi! J'aime qu'on soit exact, moi; mettons-nous à table, j'ai une faim d'enragée. Mets-toi là, Simplette, à ma droite; et toi, par ici, nigaud, en face de moi. Où sont les Polonais? Fais-les venir, Croquemitaine. Je n'aime pas à attendre, tu sais. »

Deux minutes après, les Polonais, lavés, peignés, nettoyés, entraient, saluaient, remerciaient.

« Aurez-vous bientôt fini vos révérences? Je n'aime pas tout ça. A table, et mangeons. »

Croquemitaine apporta une omelette. Mme Bonbeck la partagea en cinq parts, réservant un bout pour Prudence et Croquemitaine.

« Tiens, Croquemitaine, emporte ça et mange là-bas avec Prude, qui doit avoir l'estomac creux. J'ai une faim terrible, moi! »

Tous mangèrent leur omelette sans souffler mot. Quand ils eurent fini, la tante Bonbeck versa à boire.

« Peu de vin, beaucoup d'eau, dit-elle en riant; c'est mon régime et celui de ma bourse, qui est maigre et souvent vide. Ça ne vous va pas, eh! les Polonais? Vous aimeriez mieux beaucoup de vin et peu d'eau! Pas vrai?

COZRGBRLEWSKI.

Je ne dis pas non, Mâme Bonbeck; mais faut prendre quoi on donne.

MADAME BONBECK.

Et dire merci encore, Monsieur Coz. Avec vos

trente sous par jour, vous auriez chez vous de l'eau de Seine et du pain de munition.

COZRGBRLEWSKI.

Je dis pas non, Mâme Bonbeck; faut prendre quoi on a.

MADAME BONBECK.

Dites donc, mon cher, ne répétez pas à chaque phrase : Mâme Bonbeck. Avez-vous peur que je n'oublie mon nom, par hasard?

COZRGBRLEWSKI.

Oh! cela non, Mâme Bon....

MADAME BONBECK.

Encore? Sac à papier! vous m'ennuyez, savez-vous? Laissez parler Boginski; je l'aime mieux que vous avec votre nez rouge et vos grosses moustaches rousses. Voyons, Boginski, mon garçon, racontez-nous quelque chose.

BOGINSKI.

Volontiers, moi savoir beaucoup; moi raconter comment un jour j'étais beaucoup fatigué, avec camarades aussi; j'avais resté à cheval quinze jours; j'avais pas ôté bottes; les Russes toujours près; chevaux pas ôté brides et selles; pieds à moi grattaient beaucoup; cheval buvait eau fraîche; moi ôter bottes et voir pieds en sang, des bêtes mille et dix mille courir partout sur pieds et jambes et manger moi; moi laver, laver; bêtes mourir et noyer; moi content; puis laver bottes pleines des bêtes; moi plus content encore. Voilà Russes arrivent. Nous sauter à cheval, moi nu-pieds, galoper, tuer Russes, fendre têtes, percer poitrines; Russes peur et sauver; moi rire, moi tout à fait content; camarades aussi; après, pas content; moi plus de bottes; tombées là-bas. Mais moi pas bête; descendre par terre, tirer bottes à Russe mort, laver beaucoup, puis mettre; et c'est très bien : bottes bonnes; pas trous comme miennes; bonnes, très bonnes.; et moi toujours content et galoper à camarades pour Ostrolenka.

MADAME BONBECK.

Qu'est-ce que c'est que ça, Olenka?

BOGINSKI.

C'est bataille terrible; longtemps, 1831; moi quinze ans, tué vingt-cinq Russes, puis échappé bien loin et venir en bonne France et avoir trente sous par jour. C'est bon ça. Pas mourir de faim toujours, c'est beaucoup. Pas mourir de froid, beaucoup aussi; et trouver bonne Mme Bonbeck, c'est excellent, ça!

— Pauvre garçon! dit Mme Bonbeck touchée de cette dernière phrase. Coz, allez nous chercher le plat de viande. »

Coz se précipita, disparut et revint presque immédiatement apportant un grand plat de bœuf aux oignons.

Mme Bonbeck donna à chacun une part suffisante.

« Portez à Croquemitaine, mon ami Coz, dit-elle, et revenez vite manger votre part. »

Coz revint plus vite encore, et mangea avec empressement la grosse part que lui avait servie Mme Bonbeck.

« Sapristi! quel appétit! s'écria-t-elle. Vous êtes tous deux de vrais Polonais. C'est égal, je vous utiliserai. Que savez-vous faire, Boginski?

— Moi faire écritures comme maître; moi donner leçons musique.

— Musique! dit Mme Bonbeck en sautant sur sa chaise. Vous aimez la musique? vous jouez de quelque instrument?

— Moi aimer beaucoup musique; moi jouer piano et flûte; moi savoir accorder et raccommoder pianos, flûtes, violons.

— Mon ami! mon bon ami! s'écria Mme Bonbeck en se jetant au cou de Boginski surpris et enchanté. Vous aimez la musique! Vous jouez de la flûte et du piano! C'est charmant! c'est admirable! Nous ferons de la musique ensemble.

— Tout le jour, si plaît à Madame, répondit Boginski; moi jamais fatigué pour musique.

MADAME BONBECK.

Mon cher ami! quel bonheur! Comme je vous remercie de vouloir bien loger chez moi! Mais riez donc, vous autres! Ris donc, Simplette; ris, nigaud; ris, diable de Coz.... Que sais-tu toi, mon pauvre Coz?

COZRGBRLEWSKI.

Moi sais relier livres, graver musique....

MADAME BONBECK.

Graver musique! Mais c'est une bénédiction! Vous allez me graver des sonates écrites à la main, vieilles, mais superbes, admirables. Nous les vendrons, nous gagnerons de l'argent; car je ne suis pas riche, moi, mes chers, mes bons amis, et je ne pourrais pas vous garder longtemps si vous ne gagniez pas quelque argent.

INNOCENT.

Ma tante, je voudrais bien sortir après dîner.

MADAME BONBECK.

Pour aller où, nigaud ?

INNOCENT.

Pour porter à la pension la lettre de papa.

MADAME BONBECK.

Tu es bien pressé, mon garçon ; mais je ne te retiens pas. Va où tu voudras ; restes-y si tu veux ; emmène Simplette avec toi ; je garde mes Polonais moi.

INNOCENT.

Mais, ma tante, nous ne savons pas le chemin ; nous voudrions un Polonais pour nous mener.

MADAME BONBECK.

Sac à papier ! diables de nigauds, qui ne connaissent pas Paris ! Coz, allez avec eux, et revenez vite. Je garde mon ami Boginski. »

Pendant ce dialogue, Croquemitaine avait apporté de la salade et du fromage ; on finissait le repas, et Mme Bonbeck se leva de table, emmenant avec elle Boginski. Peu d'instants après, on les entendit racler du violon et souffler de la flûte. Les enfants allèrent chercher Prudence, et descendirent accompagnés de Cozrgbrlewski et enchantés de prendre l'air.

VI

PREMIÈRE PROMENADE DANS PARIS

La pension était située dans une des rues qui avoisinent le jardin du Luxembourg; ils mirent près de deux heures pour y arriver, parce que les enfants et Prudence s'arrêtaient avec admiration devant chaque boutique, et ne pouvaient se lasser de regarder les étalages. Leurs cris de joie faisaient retourner et rire les passants; la toilette bizarre de Simplicie, qui avait mis sa robe de velours de coton bleu, l'air nigaud d'Innocent, le bonnet de paysanne de Prudence et l'habit râpé du Polonais excitaient les moqueries et les quolibets

« Drôles de corps! disait l'un. — Toilettes impayables! disait un autre. — Des échappés de Charenton! s'écriait un troisième. — Combien paye-t-on pour les voir? — Ce sont des faiseurs de tours! — Belle famille à montrer à la foire! » etc., disaient des gamins en éclatant de rire.

Simplicie et Innocent n'entendaient rien, ne s'apercevaient de rien; Prudence commençait à comprendre qu'on se moquait de quelqu'un; elle crut que c'était du Polonais. Cozrgbrlewski voyait bien que ses trois compagnons étaient ridicules; il n'osait rien dire; mais il voyait avec inquiétude quelques gamins s'obstiner à les suivre; d'autres gamins grossissaient leur cortège à mesure qu'ils avançaient. Ils arrivèrent ainsi jusqu'au Pont-Neuf. Les rires des gamins avaient fait place aux huées; Prudence et les enfants s'aperçurent enfin que c'était eux qu'on suivait, que c'était d'eux qu'on se moquait. Prudence s'arrêta tout court au milieu du pont, et se retournant vers son escorte :

« A qui en avez-vous, polissons? De quoi riez-vous? Qu'avons-nous de drôle?

— Ha! ha! ha! répondirent les gamins.

— Voulez-vous vous en aller et nous laisser tranquilles! Je ne veux pas qu'on se moque de mes jeunes maîtres, entendez-vous?

— Ha! ha! ha! répondirent encore les gamins.

— Monsieur le Polonais, chassez ces gamins.

— Comment, Madâme, vous voulez je fasse? ils sont beaucoup.

— Faites comme à votre Ostrolenka; chargez-les, faites-leur peur. »

Le Polonais ne bougea pas. Prudence fut indignée.

« Puisque le Polonais manque de courage, j'en aurai, moi, pour défendre mes jeunes maîtres. Arrière, gamins! »

Les gamins ne reculèrent pas; mais l'air résolu de la pauvre Prudence, prenant la défense des enfants qu'elle conduisait, leur plut, et l'un d'eux s'écria :

« Vive la bonne! — Vive le Polonais! ajouta un autre. — Vivent les provinciaux! Vive la bande! Vive le bonnet rond! Honneur au bonnet rond! hurlèrent-ils tous en chœur. — Un triomphe au bonnet rond! Un triomphe aux petits! »

Et dans une seconde, Prudence et les enfants furent entourés par les gamins et escortés, malgré leurs supplications et leur résistance. Le Polonais effaré courait après eux, muet de terreur; Prudence

Ils furent entourés.

suppliait en vain qu'on la laissât avec ses jeunes maîtres; les enfants se révoltaient, mais les rires des gamins étouffaient leurs paroles. Le Polonais cherchait des yeux un sergent de ville qui lui portât secours; aucun ne se trouvait sur leur chemin. Les passants s'éloignaient de ce groupe devenu très considérable; enfin un soldat, auquel le Polonais exposa la cause de ce tumulte, courut chercher du secours au poste voisin. Quand les gamins virent venir un caporal et trois soldats, ils ne jugèrent pas prudent de les attendre, et ils se sauvèrent dans toutes les directions, poussant et culbutant Prudence, Innocent et Simplicie. Tous trois se relevèrent pleins de crotte et terrifiés. Le Polonais les rejoignit essoufflé et pâle de frayeur. Les soldats arrivèrent pour porter secours aux victimes, qu'ils croyaient blessées. Prudence leur expliqua ce qui était arrivé ; elle accepta l'offre du caporal, qui leur proposa de les faire entrer au corps de garde pour enlever la boue dont ils étaient couverts. On emmena donc au poste Prudence, les enfants et le Polonais, qui ne voulut pas les abandonner. Ils entendaient sur leur passage des réflexions peu agréables :

« Ce sont de mauvais sujets qu'on vient d'arrêter.

— Une bande de voleurs, sans doute.

— Ou bien des gens qui se battaient au cabaret.

— Les petits ont l'air de scélérats.

— La femme a l'air féroce tout à fait.

— C'est du sang qu'ils ont sur leurs habits et leurs visages.

— Peut-être bien que oui, ils ont sans doute assassiné quelqu'un.

— Le garçon a-t-il l'air bête !

— Et la fille, est-elle grasse et laide !

— Et quels oripeaux elle a sur elle !

— L'homme a un air tout drôle ; on dirait que c'est lui qui a été assassiné.

— Imbécile ! comment veux-tu qu'il soit assassiné, puisqu'il se porte bien et qu'il marche aussi ferme que toi et moi !

— Il est pâle tout de même.

— C'est qu'il a peur. »

Entrés au corps de garde, le Polonais et ses malheureux compagnons furent entourés par les soldats. Quand ils surent que, loin d'être des malfaiteurs, c'étaient des victimes d'une gaieté populaire, ils s'empressèrent de leur venir en aide ; ils leur apportèrent de l'eau pour enlever la boue qui couvrait leurs visages et leurs vêtements. Simplicie pleurait, Innocent tremblait de tous ses membres.

Ils se relevèrent pleins de crotte.

Prudence grommelait contre Paris et ses habitants ; le Polonais pompait de l'eau, tordait leurs mouchoirs et leurs jupes, allait de l'un à l'autre, et parlait d'Ostrolenka, des Russes, de Varsovie, au grand amusement des soldats, qui le prenaient pour un fou.

Quand la boue fut enlevée, que les habits furent à moitié séchés, il courut chercher un fiacre, y fit monter la bonne et les enfants, et s'y plaça près d'eux en donnant au cocher l'adresse de la pension des Jeunes savants. Prudence avait fait force remerciments et révérences aux soldats, qui riaient sous cape de l'aventure burlesque des pauvres provinciaux. Le cocher fouetta ses chevaux, la voiture se mit en marche. Personne ne parlait. Le Polonais avait bonne envie de leur reprocher leur toilette et leur tenue ridicule, cause du tumulte, mais il jugea prudent de se taire. Prudence aurait bien voulu reprocher au Polonais son attitude trop pacifique vis-à-vis des gamins, mais elle avala ses remontrances tardives et inutiles. Innocent aurait volontiers réprimandé le Polonais et Prudence, mais il n'osa exprimer son mécontentement. Simplicie aurait de grand cœur témoigné ses regrets d'avoir quitté sa paisible demeure paternelle, mais elle ne voulut pas avoir l'air de revenir sur un désir si vivement et si longuement témoigné. On arriva ainsi à la pension. Prudence, suivie des enfants et du Polonais, et introduite par le portier, qui la priait d'attendre, entra, sans écouter sa recommandation, dans une cour où les pensionnaires étaient en récréation. Prudence, tenant en main la lettre de M. Gargilier, s'avança vers un groupe de jeunes gens. Les écoliers, étonnés, ne répondaient à ses révérences que par des sourires et des chuchotements.

« Lequel de vous, Messieurs, voudrait bien m'indiquer le chef de la pension? demanda Prudence de son air le plus aimable.

— C'est moi, Madame, qui suis son délégué, répondit le plus grand de la bande. Que demandez-vous ?

— Monsieur le délégué du chef, voici une lettre de mon maître, M. Jonathas Gargilier.

— Que dit cette lettre ? répondit l'écolier, dont l'audace n'allait pas jusqu'à ouvrir la lettre destinée à son maître.

— M. Gargilier, mon maître, désire placer dans votre estimable maison mon jeune maître que voici. Saluez, Monsieur Innocent, saluez M. le délégué du chef et ses estimables collègues. »

Innocent salua, Simplicie fit un plongeon, le Polonais s'inclina.

« Voici une lettre de mon maître. »

« Au nom de mes estimables collègues et de M. le chef de pension, dont je suis le délégué, dit l'élève en retenant avec peine un éclat de rire prêt à lui échapper, je reçois dans mon estimable maison le jeune provincial que voilà, et je vous reçois tous avec lui, car tous vous me paraissez dignes de cet honneur.

— Monsieur est bien honnête, monsieur est trop

honnête; mais je dois ramener Mlle Simplicie, que voici, à sa tante, Mme Bonbeck, et je dois dire à Monsieur que je ne manque jamais à mon devoir.

— Gloire à vous, estimable dame! Venez, dans un lieu plus digne de vous, attendre la réception définitive de votre honorable maître. »

Et marchant devant eux, suivi de tous les écoliers chuchotants et enchantés, il se dirigea vers une petite cour isolée. Après avoir fait passer Prudence, Simplicie et le Polonais, il referma la porte au nez d'Innocent ébahi.

Il referma la porte.

« Venez, jeune postulant, venez au milieu de vos futurs camarades, recevoir les honneurs dus à tout nouveau venu. »

Et, entraînant Innocent dans la grande cour de récréation, il le plaça au milieu, et tous, se prenant par la main, se mirent à danser une ronde effrénée autour de lui. Chacun à son tour se détachait du cercle et, s'approchant d'Innocent, donnait une sac-

Ils se mirent à danser une ronde effrénée autour de lui.

cade au pan de sa redingote, démesurément longue, en chantant sur l'air des *Lampions* : « Le cordon, s'il vous plaît ». Innocent ne comprenait rien à cette étrange réception; il avait des inquiétudes sur sa redingote, que les saccades répétées menaçaient de mettre en pièces. Il voulut s'échapper; toute issue lui était fermée. La peur commençait à le gagner; il s'élança contre un groupe moins serré que les autres; le groupe le repoussa. Innocent tomba à la renverse en criant comme un possédé.

« Tais-toi, imbécile! » lui dirent à mi-voix les pensionnaires, qui voyaient approcher le maître d'étude.

Et ils se dispersèrent, ne laissant près d'Innocent que quelques-uns d'entre eux, qui s'empressaient comme pour le relever.

« Eh bien, qu'y a-t-il, donc, Messieurs? Qui est ce jeune homme? Pourquoi a-t-on crié?

— M'sieu, c'est un petit jeune homme qui est tombé; il était venu avec sa famille, qui est allée chercher M. le chef d'institution, et en jouant il est tombé et nous le ramassons. »

Innocent allait parler, mais un des collégiens, se baissant près de son oreille, lui dit :

« Tais-toi; si tu dis un mot, tu auras une poussée. »

Le maître d'étude regarda ses élèves avec méfiance, Innocent avec un air moqueur, et lui demanda où était sa famille.

« Là-bas! répondit Innocent en montrant du doigt la petite cour où étaient enfermés Prudence et Cie.

— Comment, là-bas! s'écria le maître d'étude en jetant autour de lui un regard menaçant. Qui est-ce qui les a menés là?

INNOCENT.

C'est le délégué.

« Lequel s'est dit le délégué? »

LE MAITRE D'ÉTUDE.

Quel délégué? Délégué de qui?

INNOCENT.

Délégué du maître.

LE MAITRE D'ÉTUDE.

Ah çà! Messieurs, quelle sotte farce avez-vous jouée là? Lequel de vous a osé prendre le titre de délégué de M. le chef de pension? »

Silence général. Personne ne bougea.

LE MAITRE D'ÉTUDE, *à Innocent.*

Jeune homme, indiquez-moi celui de ces messieurs qui s'est dit délégué de M. le chef du pensionnat. »

Innocent regarda autour de lui : le coupable avait disparu. Innocent ne répondit pas.

LE MAITRE D'ÉTUDE.

C'est bien, Messieurs; nous verrons cela plus tard. »

Il alla ouvrir la porte de la petite cour et en fit sortir, avec force excuses, Prudence, Simplicie et le Polonais, assez étonnés de leur longue attente et du lieu où on les faisait attendre. Le maître d'étude salua, s'excusa et proposa à Prudence de la mener à M. le chef de pension, ce que Prudence accepta avec un plaisir évident. Après quelques minutes passées dans une salle du parloir, le maître de pension entra, salua, se nomma, reçut la lettre que lui présentait Prudence, la lut en souriant, examina du regard Innocent, qui les avait rejoints quand ils avaient traversé la cour de récréation,

Il les fit sortir avec force excuses.

et il demanda s'il était prêt à entrer en pension.

INNOCENT.

Oui, Monsieur, tout prêt, quand vous voudrez.

LE CHEF DE PENSION.

Eh bien, mon ami, puisque vous y voilà, pourquoi n'y resteriez-vous pas? Monsieur votre père me demande de vous recevoir le plus tôt possible.

INNOCENT.

Je n'ai pas mes uniformes, Monsieur, ni mon linge; ils sont restés à la maison.

LE CHEF DE PENSION.

On pourra vous les envoyer.

INNOCENT.

Je veux bien, Monsieur. Prudence, envoie-moi mes effets ce soir, tout de suite en rentrant.

PRUDENCE.

Mais je n'ai personne à envoyer, Monsieur Innocent.

INNOCENT.

Et les Polonais, donc! Monsieur Coz, vous voudrez bien m'apporter un paquet, n'est-ce pas?

COZRGBRLEWSKI.

Certainement, Monsieur Innocent. Moi porter tout; moi porter beaucoup plus après Ostrolenka : selle, bagage, manger, tout.

LE CHEF DE PENSION.

Eh bien, voilà l'affaire arrangée, mon ami. Votre père me donne les renseignements nécessaires sur vous, ainsi que sur son banquier pour l'argent à toucher. Et vous voilà reçu.

INNOCENT.

Monsieur, je vous prie de défendre a mes camarades de me tourmenter; ils m'ont tiraillé, jeté par terre; ils ont presque déchiré ma redingote.

LE CHEF DE PENSION.

Je ferai les recommandations nécessaires, mon ami; faites vos adieux à votre famille. Je vais vous présenter à vos maîtres et à vos camarades. »

Innocent embrassa Prudence et Simplicie sans témoigner le moindre chagrin de la séparation, et suivit le maître avec une satisfaction visible.

VII

AGRÉMENTS DIVERS

Prudence, étonnée de ce brusque départ, pleura un peu; Simplicie se sentit aussi un peu émue. Le Polonais proposa de retourner à la maison. Ils rentrèrent chez Mme Bonbeck, après une absence de quatre heures.

« Où diable avez-vous été tout ce temps? » leur dit la tante en les voyant entrer.

Prudence raconta les événements de la journée et l'entrée d'Innocent au pensionnat.

« Petit animal! s'écria Mme Bonbeck; est-il nigaud, ce garçon! Et tout cela pour porter une espèce d'uniforme qui n'a ni queue ni tête! Coz, courez vite porter les effets de ce garçon, et ne soyez pas en retard pour le dîner, car nous ne vous attendrons pas, je vous préviens. A six heures précises, comme à l'ordinaire, nous nous mettrons à table; tant pis pour les absents.

Coz ne se le fit pas dire deux fois. Le paquet fut bientôt prêt; il le chargea sur son dos, marcha d'un pas accéléré en allant, courut en revenant, et rentra dans le salon au moment où six heures sonnaient.

« A la bonne heure! voilà ce qui s'appelle être exact! C'est bien, ça! J'aime les gens exacts, s'écria Mme Bonbeck en donnant une tape sur le dos fatigué du pauvre Coz. A table, à présent! Simplette, tu mangeras, tu causeras, et tu riras surtout; sans quoi nous ne serons pas amis.

— Oui, ma tante, répondit tristement Simplicie.

— Petite sotte, tu as toujours l'air de venir d'un enterrement. Ris donc! je n'aime pas les visages allongés, moi. »

Simplicie fit un effort pour sourire, mais son air terrifié contrastait tellement avec ce sourire forcé, que Mme Bonbeck éclata de rire, et que les Polonais même ne purent s'empêcher de prendre part à sa gaieté. Heureusement pour Simplicie que le rire la gagna aussi, et, quand Croquemitaine apporta le potage, tous riaient à ne pouvoir lui répondre.

« A la bonne heure! C'est bon, ça! Avec moi, d'abord, il faut qu'on rie. Mangeons, à présent; Croquemitaine nous regarde avec indignation.

— Je crois bien! Laisser refroidir un si bon potage!

— Nous ne l'en avalerons que mieux, ma fille; ne te fâche pas, et va nous chercher le plat de viande et la salade. »

A la soupe succéda un excellent haricot de mouton, puis la salade, et puis des pruneaux pour dessert. Les Polonais se léchaient les lèvres après avoir avalé tout ce que Mme Bonbeck leur servait. Simplicie, un peu rassurée par la gaieté de sa tante, passa une soirée assez agréable à écouter d'abord les récits bizarres des Polonais, les plaisanteries de Mme Bonbeck, et puis le concert qui termina la soirée. Boginski était réellement bon musicien; il joua bien du piano et de la flûte, et trouva moyen de marcher d'accord avec Mme Bonbeck, et de couvrir les sons faux, discordants et piaillants qu'elle tirait de son violon. Mme Bonbeck était ravie; elle adorait les Polonais, surtout Boginski, et eut de la peine à le laisser partir pour se reposer des fatigues de la nuit précédente.

Quand Simplicie eut dit adieu à sa tante et se fut retirée dans sa chambre, qu'elle partageait avec Prudence, elle s'assit sur une chaise et se mit à pleurer amèrement.

PRUDENCE.

Eh bien, Mam'selle, qu'est-ce qui vous prend? Auriez-vous déjà assez de Paris?

SIMPLICIE.

Si j'avais su comment ce serait et tout ce qui nous arrive, je n'aurais jamais demandé de venir à Paris, répondit Simplicie en sanglotant.

PRUDENCE.

Je vous le disais bien; vous ne vouliez pas me croire. Il en sera de même pour M. Innocent; il se fatiguera bien vite de la pension, vous verrez ça.

SIMPLICIE.

Tant pis pour lui, c'est sa faute : c'est lui qui m'a dit de pleurer et de bouder pour qu'on nous mène à Paris; c'est lui qui m'a dit que je m'y amuserais beaucoup. Joli plaisir que la promenade de ce matin! un monde énorme qui vous empêche d'avancer, une boue affreuse qui abîme les robes et la chaussure, un bruit de voitures qui empêche de s'entendre! C'est bien amusant, en vérité!

PRUDENCE.

Ah bien! Mam'selle, à présent que le mal est fait, à quoi sert de se désoler et de pleurer? Votre tante n'est pas si méchante qu'elle le paraît, et vous vous accoutumerez aux ennuis de Paris; d'ailleurs, ne suis-je pas là, moi, pour vous consoler?

SIMPLICIE.

Je voudrais retourner à Gargilier.

PRUDENCE.

Ça, c'est impossible; votre papa m'a défendu de vous ramener avant qu'il m'en donne l'ordre.

SIMPLICIE.

J'écrirai demain à maman que je m'ennuie et que je veux revenir.

PRUDENCE.

Écrivez, Mam'selle. J'écrirai aussi, moi, comme votre papa me l'a ordonné. »

Simplicie allait répliquer, lorsqu'elle entendit frapper contre le mur; sa tante couchait dans la chambre à côté.

« Allez-vous bientôt vous taire et me laisser dormir, bavardes! Soufflez la bougie; je n'aime pas qu'on brûle mes bougies inutilement. »

Simplicie et Prudence se regardèrent avec frayeur et se déshabillèrent promptement. Cinq minutes après, une obscurité complète régnait dans la chambre; elles firent leur prière, se couchèrent à tâtons et ne tardèrent pas à s'endormir. Simplicie était fatiguée; elle dormit tard. Prudence s'était levée de bonne heure, avait tout préparé pour la toilette de Simplicie et avait déjà écrit la lettre suivante :

« Monsieur et Madame,

« J'ai l'honneur de vous faire part de notre arrivée. Nous avons eu tout plein d'aventures en route et dans cet affreux Paris, qui n'a pas du tout l'air comme il faut; les gens n'y sont pas honnêtes; ils vous rient au nez, vous éclaboussent et vous bousculent en criant, puis ils vous font tomber dans la crotte. Monsieur et Madame pensent que ce n'est pas de bonnes manières. En diligence, un vaurien de chien a dévoré le beau morceau de veau rôti que j'avais préparé pour mes jeunes maîtres; heureusement qu'un brave Polonais a jeté par la fenêtre le chien et la dame avec. Les Polonais sont de braves gens; ils ont tué beaucoup de Russes, parce qu'ils avaient les jambes dévorées de vermine; ils nous ont tout de même été très bons; ils nous ont menés dans une maison très laide, toute noire, où nous n'avons pas dormi par rapport aux punaises qui nous ont mis la figure et les bras comme des boisseaux. La sœur de Monsieur n'est pas très méchante; seulement qu'elle crie beaucoup, à preuve que Mam'selle en a peur tout à fait. M. Innocent est entré à la maison des *savants*, après que les bons soldats nous ont nettoyés et débarbouillés; la robe de Mam'selle est perdue de boue et d'eau. Le Polonais roux nous a suivis, mais il s'est tout de même sauvé; ce n'était pas gentil. Il nous a ramenés en voiture; elles ne sont pas belles; si Monsieur voyait les chevaux et le cocher, il rirait, bien sûr; c'est maigre, c'est sale; ça ne ressemble pas à la belle carriole bleue de Monsieur, ni à son char à bancs rouge et vert. Mam'selle a bien ri à dîner, parce que Madame était en colère, comme toujours, ce qui a bien fait plaisir à Madame et ce qui a fait bien pleurer Mam'selle en se couchant, qui regrette Monsieur, Madame et Gargilier. Et M. Innocent a des camarades qui me font l'effet d'être des diables, et qu'ils nous ont enfermés dans un trou sale et qu'on nous a ouvert avec le Polonais roux. Et Madame est si contente des Polonais, qu'elle les a gardés et qu'ils mangent comme des affamés, et M. Boginski fait de la musique avec Madame; elle racle sur des cordes qui font comme si elles miaulaient, et M. Boginski souffle dans une chose comme un mirliton; ça fait une drôle de musique dont Madame est si contente que ça fait rire. C'est après que Mam'selle, qui dort, a pleuré. J'ai dépensé pas mal d'argent que m'a donné Monsieur, mais j'en ai encore plein la bourse. Je présente bien mes respects à Monsieur et à Madame; je puis dire que Mam'selle se repent déjà de son voyage et que la leçon de Monsieur commence son effet, et qu'elle sera bonne, et que Mam'selle reviendra tout autre et que Monsieur n'aura plus à s'en plaindre. J'ai l'honneur de saluer bien respectueusement Monsieur et Madame; je dis bien des amitiés à Florence, à Rigobert, à Charlot et à Amable.

« Votre dévouée servante pour la vie,

« PRUDENCE CRÉPINET. »

Elle finissait d'écrire l'adresse : *A Monsieur et Madame Gargilier, à Castel-Gargilier*, lorsque Simplicie s'éveilla en demandant s'il faisait jour.

« Comment, Mam'selle, s'il fait jour? Madame a déjà demandé deux fois si Mam'selle était prête.

— Ah! mon Dieu! s'écria Simplicie en sautant à bas de son lit. Pourquoi ne m'as-tu pas éveillée, Prudence?

— Ma foi, Mam'selle, vous dormiez si bien que je n'en ai pas eu le cœur.

— Vite de l'eau, du savon!

— Voilà, voilà, Mam'selle : tout est prêt. »

Simplicie se débarbouilla, se peigna, se coiffa en moins d'un quart d'heure. Elle acheva de s'habiller, et elle finissait sa prière, lorsque la porte s'ouvrit avec violence, et Mme Bonbeck parut.

« Quelle diable d'habitude avez-vous là, vous autres! Comme des princesses! A peine habillées à neuf heures! Mon café qui m'attend depuis une heure! Ah! mais je n'aime pas ça, moi; j'aime qu'on soit exact. Entends-tu, petite?

— Pardon, ma tante; j'étais si fatiguée que j'ai dormi plus longtemps. Je ne savais pas,... je ne croyais pas....

— C'est bon, c'est bon, tu t'excuseras plus tard. Vite, viens prendre le café; les Polonais ont les dents longues, prends garde qu'ils ne t'avalent. »

Mme Bonbeck, satisfaite de sa plaisanterie, partit en riant, suivie de Simplicie. Les Polonais saluèrent; on se mit à table, et ils mangèrent, comme d'habitude, tout ce qu'on leur servit.

Mme Bonbeck donna ensuite à Cozrgbrlewski de la musique à graver; elle lui apporta les outils nécessaires et l'établit à son travail jusqu'au second déjeuner. Boginski fut employé à ranger la musique, à accorder le piano et à nettoyer les violons et flûtes. Simplicie s'ennuya, bâilla, fut grondée, et se retira dans sa chambre pour écrire à sa mère.

VIII

PREMIÈRE VISITE

Après déjeuner, Simplicie, voyant que sa tante s'apprêtait à reprendre son violon, lui demanda la permission d'aller voir ses amies avec sa bonne.

« Tes amies! Quelles amies as-tu ici?

— Mlles de Roubier, et bien d'autres que je vois à la campagne.

— Va, va, ma fille; fais ce que tu voudras; je ne suis pas un tyran, moi; j'aime la liberté. Boginski, nous allons faire de la musique pendant une heure ou deux. Vous, Coz, vous allez accompagner Simplicie avec Prude, et vous prendrez garde à ne pas laisser recommencer les sottises d'hier.

— Madame Bonbeck, c'est pas faute à moi; c'est robe drôle et manières et tout; messieurs regarder, rire, gamins moquer et courir. Mam'selle Simplette doit pas mettre robe comme hier.

— Ah! c'est pour ça. Attendez, j'y vais, moi, et je vais la faire habiller comme il faut. »

Mme Bonbeck se dirigea comme une flèche vers la chambre où Simplicie achevait de boutonner sa robe de satin marron.

MADAME BONBECK.

Qu'est-ce que c'est que cette toilette, Mademoiselle? Êtes-vous folle? Allez-vous vous faire suivre et huer, comme hier, par tous les polissons des rues? Otez-moi cela! Prude, enlève cela et habille-la devant moi.

SIMPLICIE.

Mais, ma tante....

MADAME BONBECK.

Il n'y a pas de *mais*; tu vas défaire cette robe et en mettre une autre tout de suite, devant moi.

PRUDENCE.

Mam'selle n'a pas de robe plus simple, Madame; c'est sa moins belle.

MADAME BONBECK.

Comment diable t'a-t-on nippée? Ça a-t-il du bon sens! Mets ta robe de voyage, si tu n'en as pas d'autre. Prude a de l'argent! demain elle t'en achètera une avec Croquemitaine; mais je ne veux pas que tu sortes parée comme une châsse.

SIMPLICIE.

Ma tante, tout le monde s'habille comme cela.

MADAME BONBECK.

Personne, petite sotte, personne. Vas-tu m'en remontrer à moi qui habite Paris depuis cinquante ans, sans en bouger?

« Qu'est-ce que c'est que cette toilette? »

SIMPLICIE.

Je vous en prie, ma tante, laissez-moi mettre ma robe aujourd'hui seulement, pour aller chez mes amies.

MADAME BONBECK.

Pour te faire insulter comme hier! Non, non, cent fois non!

SIMPLICIE.

J'irai en voiture, ma tante; il n'y aura pas de danger puisqu'on ne me verra pas.

MADAME BONBECK.

En voiture, vas-y si tu veux; sois ridicule, fais-toi moquer dans les salons, si cela te fait plaisir; mais ne circule pas dans les rues, entends-tu bien?

SIMPLICIE.

Non, ma tante, je ne marcherai pas, bien sûr.

MADAME BONBECK.

Ha! ha! ha! quelle figure tu as! C'est à rire, en vérité. Ma sœur a perdu la cervelle pour t'avoir affublée de ces vieux oripeaux. »

Simplicie était fort choquée de voir sa tante rire de ce qu'elle croyait si beau et si enviable; mais elle n'osa pas le témoigner et acheva de s'habiller pendant que Mme Bonbeck appelait Coz pour aller chercher un fiacre.

« Allez vite, mon ami Coz, courez chercher un petit fiacre pour Simplette et Prude : vous les accompagnerez, car elles n'y entendent rien; on les mènerait aux abattoirs ou au Jardin Turc sans qu'elles pussent s'expliquer. »

Coz expédiait vite les commissions : il fut bientôt de retour ; Simplicie était prête, Prudence attendait : elles montèrent dans le fiacre ; Coz s'assit à côté du cocher, Prudence donna l'adresse de Mlles de Roubier, et la voiture roula dans les beaux quartiers de Paris, les boulevards, la place de la Concorde et le faubourg Saint-Germain ; Clara et Marthe demeuraient dans la rue de Grenelle. Le fiacre s'arrêta à la porte du 91. Coz descendit, ouvrit la portière et fit descendre Prudence et Simplicie. Il les mena chez le concierge, où elles demandèrent Mlles de Roubier. « Au premier, en face », répondit le concierge. Elles allaient monter suivies de Coz, quand le cocher de fiacre courut après eux :

« Hé ! bourgeois dites donc, et ma course ?
COZ.
On payera quand seront revenues les dames.
LE COCHER.
Ah ! mais non ! Dites donc, bourgeois, vous ne m'avez pas pris à l'heure ; vous me devez la course. Un franc cinquante. »

Coz commença une dispute sérieuse avec le cocher ; Prudence s'en mêla pour ne pas abandonner son ami dans le danger ; les gros mots se faisaient déjà entendre ; le cocher jurait comme un templier. Coz fit voir qu'il connaissait très bien ce genre de langage ; Prudence, effrayée, allait de l'un à l'autre, sans avoir l'idée de terminer ce combat de langues en payant au cocher la somme qu'il demandait ; les fenêtres commençaient à se garnir de têtes, lorsque le concierge, jaloux de l'honneur de la maison, parvint à glisser dans l'oreille de Prudence :

« Payez-lui ses trente sous, tout sera fini.

— Tenez, monsieur le cocher, voilà votre argent ; prenez, je vous en prie, prenez », s'empressa de dire Prudence en lui tendant deux pièces d'argent.

Le cocher ne se le fit pas dire deux fois ; il prit ses trente sous et s'en alla en grommelant. Le concierge rentra dans sa loge, non sans avoir jeté un regard étonné sur la toilette de Simplicie et de Prudence. Elles montèrent l'escalier ; Coz, faisant l'office de domestique, ouvrit, dit au valet de chambre d'annoncer Simplicie et resta dans l'antichambre avec Prudence.

Simplicie entra donc seule chez Clara et Marthe, qui s'amusaient à faire des fleurs avec leurs amies, Élisabeth, Valentine, Marguerite et Sophie. La toilette éclatante et ridicule de Simplicie causa un étonnement général ; on la regardait sans parler. Simplicie fut un peu embarrassée de ces marques de surprise ; elle sentit pour la première fois qu'elle était ridicule, ce qui lui donna un malaise si visible que Clara s'en aperçut et en eut pitié.

« Bonjour, Simplicie, lui dit Clara en s'avançant vers elle et en lui prenant la main ; vous voilà donc à Paris ! Depuis quand ? Êtes-vous venue avec votre maman ? Est-elle au salon, chez maman ?

— Non, répondit Simplicie avec un embarras croissant, maman est restée à Gargilier.

— Vous êtes donc seule avec votre papa? reprit Marthe.

— Non, répondit Simplicie plus bas encore, papa est resté à Gargilier.

— Comment et pourquoi alors êtes-vous à Paris? » s'écrièrent les enfants.

Simplicie ne savait que répondre; là encore elle commençait à voir le tort qu'elle avait eu; elle ne savait comment expliquer son voyage, et elle se taisait, roulant son mouchoir entre ses doigts, tenant les yeux baissés, commençant un mot, puis un autre; enfin elle eut la pensée de mettre son voyage sur le dos de sa tante.

« Ma tante ne nous connaissait pas; elle désirait nous voir. On nous a envoyés chez elle avec ma bonne, Prudence.

MARGUERITE.

Je vous plains, pauvre Simplicie; c'est un grand chagrin pour vous d'être séparée de votre maman et de votre papa.

SOPHIE.

Pourquoi avez-vous accepté? Il fallait dire à votre maman que vous ne vouliez pas; on ne vous aurait pas envoyée de force.

SIMPLICIE.

C'est que..., c'est que... Innocent et moi, nous avions envie de voir Paris. »

Les enfants la regardèrent avec surprise, et, malgré le silence qu'elles gardèrent toutes, Simplicie devina sans peine que ce silence même était un blâme, que ces demoiselles trouvaient qu'elle avait eu tort, et que si elles ne le lui disaient pas, c'était par politesse.

« Asseyez-vous donc, Simplicie, lui dit enfin Clara. Voyez les jolies fleurs que nous faisons. Vous pourrez nous aider en coupant les bandes de papier vert, en arrangeant les queues, les boutons, les feuilles. »

Après avoir travaillé quelque temps, Simplicie leur demanda :

« Comment avez-vous pu faire ces jolies fleurs toutes seules?

MARTHE.

Nous avons eu une maîtresse de fleurs.

SIMPLICIE.

Où donc en avez-vous trouvé une?

SOPHIE.

Dans tous les magasins de fleurs il y a des demoiselles qui viennent donner des leçons.

SIMPLICIE.

C'est charmant; on trouve de tout à Paris. A la campagne il n'y a rien de tout cela.

MARGUERITE.

Oui, mais à la campagne on vit bien plus à l'aise; on est bien plus avec ses parents.

SOPHIE.

Tu dois penser que Simplicie ne tient pas beaucoup à voir ses parents, puisqu'elle a mieux aimé venir chez sa tante.

CLARA.

Pourquoi dis-tu cela, Sophie? Ses parents lui ont probablement ordonné de partir.

SOPHIE.

Est-ce vrai, Simplicie? Est-ce que vous auriez mieux aimé rester chez vous? »

Simplicie rougit, balbutia et ne savait comment répondre sans trop mentir, lorsque Cozrgbrlewski vint la tirer d'embarras en entr'ouvrant la porte; il passa sa grosse tête rousse et fit signe du doigt à Simplicie de venir. Et comme Simplicie ne répondait pas à son appel, il entra son corps à moitié, au grand ébahissement des enfants, et fit :

« Pst, pst, Mam'selle! faut venir de suite, Mme Prude demande venir. Mme Bonbeck gronder si Mam'selle rester longtemps. »

Les enfants, surpris et un peu troublés d'abord, partirent d'un éclat de rire qui rassura Coz. Il entra tout à fait. Les enfants, le prenant pour un fou, se mirent à crier. Simplicie était honteuse et désolée. Coz avançait toujours en souriant; les enfants reculèrent jusqu'au coin le plus éloigné de la chambre en continuant à appeler leurs bonnes. Deux autres portes s'ouvrirent; la bonne de Clara et de Marthe entra par l'une pendant que Prudence apparaissait par l'autre. La bonne, voyant cet homme roux, à longs cheveux, à moustaches et à barbiche, crut que c'était un voleur, et appela au secours de toute la force de ses poumons; deux domestiques accoururent, et, partageant l'erreur de la bonne, se jetèrent sur Coz, qui se débattait en criant :

« Moi Polonais! moi pas faire mal, moi chercher fiacre; moi ami de Mme Bonbeck.... Lâchez! lâchez!... Polonais mauvais en colère; moi tuer

M. Cozrgbrlewski.

beaucoup de Russes à Ostrolenka! » Plus il parlait et plus les domestiques tenaient à s'assurer de ce *fou dangereux*. Ils l'avaient saisi, le tenaient fortement et s'apprêtaient à l'emmener, quand Prudence, s'élançant à son secours, cria aux domestiques :

« Arrêtez, Messieurs : c'est notre ami, notre sauveur! c'est M. Coz, brave Polonais : il a accompagné Mlle Simplicie; il nous a protégés en voyage; il a jeté par la fenêtre le méchant chien qui nous a mangé notre veau; il nous a emmenés dans une auberge; il nous suit partout, il est très bon, je vous assure. »

La bonne, qui comprenait enfin son erreur, dit aux domestiques de laisser aller le Polonais. Coz avait ses habits en désordre; le nœud de sa cravate était à la nuque, ses cheveux étaient ébouriffés; il arrangeait ses vêtements, ses cheveux, sa cravate, tout en marmottant :

« Moi Polonais, moi tuer Russes, moi chercher voiture, moi appeler Mlle Simplicie; moi pas content; moi dire à Mme Bonbeck! »

Simplicie, rouge et humiliée, restait muette et immobile; les enfants, que la bonne avait calmés et qui comprenaient la méprise, cherchèrent à leur tour à rassurer Simplicie; Clara et Marthe lui proposèrent de venir les voir le soir pour passer plus de temps ensemble; Sophie et Marguerite lui firent leurs excuses de la scène qui venait d'avoir lieu, et firent si bien que Simplicie crut que le tort venait d'elles et non de Coz. Simplicie reprit son air satisfait et s'en alla en promettant de revenir. Quand elle fut partie, les enfants furent pris d'un fou rire, et toutes quatre se roulèrent sur les canapés en riant à suffoquer. La bonne partagea leur accès de gaieté.

Prudence s'élançant à son secours...

« Quelle drôle de visite nous avons eue là! s'écria enfin Marguerite.

SOPHIE.

Et quelle toilette ridicule avait Simplicie!

MARTHE.

Et quelle figure a cet homme roux qui l'accompagne!

CLARA.

J'ai eu peur tout de bon! j'ai réellement cru que c'était un fou!

MARGUERITE.

Si du moins Simplicie avait dit quelque chose pour nous rassurer! Elle restait muette comme un poisson!

CLARA.

C'est que la pauvre fille était honteuse. Il était si ridicule!

SOPHIE.

Pourquoi l'as-tu engagée à venir le soir, Clara? Elle nous ennuiera horriblement.

CLARA.

Parce qu'elle était si embarrassée, qu'elle m'a fait pitié. Puisqu'on l'engageait à revenir, elle a dû croire que nous ne la trouvions ni ridicule ni ennuyeuse.

SOPHIE.

Tu as bien de la charité; je ne l'aurais pas engagée, moi.

CLARA.

Tu aurais fait comme moi si tu avais vu comme moi combien la pauvre fille était honteuse de son Polonais et de sa bonne.

SOPHIE.

C'est bien fait! Cela lui apprendra à quitter ses parents pour venir s'amuser à Paris et nous ennuyer de ses visites.

CLARA.

Ce n'est pas bien, ce que tu dis, ma petite Sophie; ses parents l'ont probablement obligée à venir voir sa tante.

SOPHIE.

Laisse donc! Comme c'est probable! Envoyer sa fille à Paris malgré elle! Je ne crois pas cela, moi.

CLARA.

Crois ce que tu voudras, mais ne le dis pas.

SOPHIE.

Ce qui veut dire que tu le crois tout comme moi, mais que par bonté tu fais semblant de croire le contraire.

MARGUERITE.

Et quand cela serait, Sophie, c'est d'autant plus beau à Clara, et tu ne devrais pas la taquiner là-dessus.

SOPHIE.

Je te prie, toi, de ne pas me prêcher; tes sermons me mettent toujours en colère.

MARGUERITE.

Parce que je dis vrai et que tu n'as rien à répondre, ma belle amie.

SOPHIE.

Parce que vous avez le talent d'impatienter, Mademoiselle, et que vous parlez sans savoir ce que vous dites, comme une corneille qui abat des noix.

MARGUERITE.

Où Mademoiselle a-t-elle entendu des corneilles parler?

SOPHIE.

Laisse-moi tranquille! Tu m'ennuies. »

Marguerite allait répliquer, mais Clara et Marthe l'engagèrent à ne pas continuer la dispute; elles en dirent autant à Sophie; une fois apaisée, elle se mit à rire et embrassa affectueusement Marguerite, qui venait se jeter à son cou. Les enfants racontèrent à leurs mamans la visite de Simplicie et leur terreur mal fondée; Sophie compléta le récit imparfait de ses amies en décrivant la toilette de Simplicie, en blâmant son séjour à Paris, en riant de la figure et du langage du Polonais et de Prudence. Mme de Roubier mit fin à son caquet en lui reprochant son peu d'indulgence; elle trouva pourtant que l'invitation de Clara était un peu trop charitable.

IX

SCÈNES DÉSAGRÉABLES

Lorsque Simplicie fut en voiture avec Prudence, elle lui reprocha de l'avoir envoyé chercher sitôt et d'avoir laissé entrer le Polonais chez ses amies.

PRUDENCE.

Et que fallait-il donc que je fisse, Mam'selle? Je n'osais pas entrer, moi.

SIMPLICIE.

Mais pourquoi sitôt?

PRUDENCE.

Parce que M. Coz était allé chercher une voiture, et le cocher tempêtait à la porte parce qu'on le faisait attendre.

SIMPLICIE.

Par exemple! celui qui nous a amenés à la pension d'Innocent a attendu bien plus longtemps et il n'a rien dit.

PRUDENCE.

Parce qu'on l'avait prévenu qu'on lui payait l'heure, Mam'selle.

SIMPLICIE.

Et pourquoi Coz ne l'a-t-il pas dit à celui-ci?

PRUDENCE.

Parce que, Mam'selle, quand on prend un cocher à l'heure, c'est plus cher que quand on le prend à la course.

SIMPLICIE.

Qu'est-ce que ça fait?

PRUDENCE.

Ça fait que monsieur votre papa m'a bien recommandé de ménager l'argent, et que nous en avons terriblement dépensé jusqu'à présent.

SIMPLICIE.

Ah bah! Nous ne dépenserons plus rien maintenant que nous sommes chez ma tante.

PRUDENCE.

Pardon, Mam'selle; votre papa m'a ordonné de payer la moitié de la dépense chez madame votre tante, qui n'est pas assez riche pour nous garder sans rien payer.

SIMPLICIE.

C'est tout de même très ennuyeux. Ce Polonais est ridicule; ces demoiselles se sont moquées de lui... et de moi aussi bien certainement.

PRUDENCE.

Et que vous importe que ces péronnelles se rient de vous? Est-ce que je m'en tourmente, moi?

Est-ce que nous avons besoin d'elles? Est-ce que ça m'amuse d'y aller? Pendant qu'on se moquait de vous au salon, les domestiques riaient de moi et du pauvre Coz à l'antichambre.

SIMPLICIE.

Que t'ont-ils dit? de quoi se sont-ils moqués?

PRUDENCE.

Que sais-je, moi? De tout! de notre cocher de fiacre, de votre belle toilette, de la mienne, de mon bonnet breton, comme si j'allais me mettre en marionnette comme leurs filles, avec leurs ridicules cages qui accrochent les passants et qui emportent les boutiques des petits marchands. C'est pour cela que Coz, qui commençait à se mettre en colère, a été chercher une voiture pour nous tirer de là.

SIMPLICIE.

C'est agréable de ne pas pouvoir rester chez mes amies parce que Coz et toi vous dites des choses ridicules!

PRUDENCE.

Comment, Mam'selle! Qu'ai-je dit, moi, de ridicule? J'ai pris parti pour vous, qui êtes ma jeune maîtresse, et je le ferai toujours, quoi que vous en disiez. Ce n'est pas ridicule, cela. Et ce pauvre Coz est un bien bon garçon; il fait tout ce qu'on veut, ne se refuse à rien, et ne demande qu'à être bien nourri. Vouliez-vous qu'il vous laissât insulter sans répondre?

SIMPLICIE.

Je veux que tu me laisses tranquille, toi : tu

m'ennuies avec tes explications qui sont sottes comme toi.

PRUDENCE.

Ah! Mam'selle, ce n'est pas bien ce que vous dites là! non, ce n'est pas bien! »

La pauvre Prudence se mit à pleurer; Simplicie, impatientée, lui tourna le dos, tout en se reprochant sa dureté envers la pauvre Prudence, si dévouée et si affectionnée. Elles arrivèrent, sans avoir dit un mot de plus, à la porte de Mme Bonbeck au moment où cette dernière descendait l'escalier pour sortir. Prudence donna à Coz l'argent nécessaire pour payer le cocher, et suivit tristement Simplicie, qui allait à la rencontre de sa tante.

MADAME BONBECK.

Eh bien! déjà de retour? Ta belle toilette n'a donc pas produit l'effet que tu espérais! Quelle diable de mine boudeuse tu fais! Et toi, Prude, pourquoi pleurniches-tu? Raconte-moi ça! Vous n'avez pourtant pas eu d'escorte de gamins?

PRUDENCE.

Hi! hi! hi! Madame, c'est Mam'selle qui me gronde, qui me bouscule, qui me dit que je suis sotte. Ce n'est pourtant pas ma faute si les domestiques sont mal élevés à Paris et s'ils se moquent de la robe de Mam'selle et de son châle, et de M. Coz, et du cocher. Que pouvais-je faire que ce que j'ai fait? Défendre Mam'selle, qui est ma maîtresse, et M. Coz, qui est tout de même bien complaisant et tout à fait bon garçon. »

Le visage de Mme Bonbeck s'enflammait de colère à mesure que Prudence parlait.

« Sotte! dit-elle en saisissant Simplicie par le bras. Ingrate! fais tes excuses à Prude. Et tout de suite encore,... entends-tu? Embrasse-la et demande-lui pardon.

SIMPLICIE.

Mais, ma tante....

MADAME BONBECK.

Il n'y a pas de *mais*. Tu as chagriné cette bonne fille, qui se dévoue à te servir, et je veux que tu lui fasses réparation.

SIMPLICIE.

Mais, ma tante...

MADAME BONBECK.

Ah! sapristi! tu résistes, mauvais cœur! sans cœur! A genoux, alors, à genoux !... »

Simplicie n'obéissait pas; son orgueil se révoltait à la pensée de s'humilier devant une pauvre et humble servante. Mme Bonbeck, que la colère gagnait de plus en plus, lui secoua les épaules, la fit pirouetter, lui donna un coup de genou dans les reins et lui cria de rentrer dans sa chambre pendant qu'elle emmènerait la pauvre Prude et Coz. Avant que Prudence et Coz eussent pu se reconnaître, Mme Bonbeck les avait saisis par le bras et entraînés dans la rue.

« Viens, ma pauvre Prude; tu es une bonne fille. Tu vas venir avec moi acheter deux robes raisonnables à Simplette, qui est une sotte et une ingrate, puis un chapeau pour remplacer son extravagant chaperon à plumes, puis une casaque pour compléter sa toilette; Coz, mon ami, tu vas avoir la complaisance de nous accompagner pour porter nos emplettes. »

Coz salua et suivit, pendant que Prudence, plus embarrassée de la bonté de Mme Bonbeck que de ses colères, l'accompagnait avec tremblement, mais sans résistance.

Simplicie, suffoquée de honte et de colère d'avoir été traitée si brutalement devant témoins, s'empressa de rentrer dans sa chambre, se jeta sur son lit et se mit à sangloter avec violence.

« Suis-je malheureuse, se dit-elle, de m'être mise dans les mains de cette méchante femme! Papa n'aurait pas dû m'envoyer chez elle! Si j'avais pu deviner tout ce qui m'arrive depuis mon départ, je n'aurais pas écouté Innocent et je n'aurais pas demandé à venir à Paris. C'est que je ne m'amuse pas du tout! je m'ennuie à périr,... je suis mal logée, l'appartement est si petit qu'on y étouffe, perché au cinquième étage; je n'ai rien pour m'amuser; j'ai une peur horrible de ma tante! Mon Dieu! mon Dieu! que je suis malheureuse! Et cette sotte Prudence qui va se plaindre à ma tante! Je vais joliment la gronder ce soir. »

Pendant longtemps Simplicie continua à former des projets sinistres, à entretenir dans son cœur des sentiments de colère et de vengeance; mais à force de pleurer, de s'ennuyer, elle eut enfin la pensée de s'adresser au bon Dieu pour qu'il lui vienne en aide. Dieu l'exauça en amollissant son

« À genoux, alors, à genoux ! » (Page 127.)

cœur et en lui ouvrant les yeux sur ses propres torts ; elle comprit qu'elle avait été dure et injuste pour la pauvre Prudence, qui avait montré au contraire une patience et une bonté touchantes ; qu'elle était injuste aussi pour le Polonais, qui était complaisant et serviable. Sa colère se calma ; elle conserva seulement de la rancune contre sa tante, qui la traitait avec une rudesse à laquelle ses parents ne l'avaient pas habituée, et elle se mit à écrire à sa mère pour lui demander... non pas encore de la faire revenir près d'elle, mais seulement de ne pas la laisser trop longtemps à Paris.

« Je commence déjà à m'y ennuyer quelquefois, écrivait-elle. Ma tante est sans cesse en colère ; je ne sais comment faire pour la mettre de bonne humeur ; elle veut que je rie toujours, et j'ai plus souvent envie de pleurer que de rire. Mais bientôt je m'amuserai beaucoup, parce que Mlles de Roubier m'ont engagée à aller chez elles le soir, et que j'irai faire des visites à toutes ces demoiselles de la campagne. J'espère que nous irons au spectacle et aux promenades. Je vous écrirai tout cela, ma chère maman », etc.

Pendant qu'elle se consolait en écrivant, Mme Bonbeck lui achetait une robe de mérinos bleu foncé et une autre à fond marron avec pois bleus ; un chapeau marron et bleu orné d'un simple ruban et un manteau-paletot de drap noir. Elle rentra dans le salon et y fit déposer le paquet que Coz avait porté.

« Allez me chercher Simplette, dit-elle à Prudence.

— Votre tante vous demande, Mam'selle, dit Prudence en entrant.

SIMPLICIE.

Je ne veux pas y aller, pour qu'elle recommence à me secouer. J'aime mieux rester avec toi.

PRUDENCE.

Oh! Mam'selle, je vous en supplie, allez-y : Mme Bonbeck n'est guère patiente, vous savez. Si elle allait se mettre en colère!

SIMPLICIE.

D'abord, si elle me bat, je me sauverai avec toi.

PRUDENCE.

Et où irions-nous, Mam'selle?

SIMPLICIE.

Nous irions au chemin de fer et nous retournerions à Gargilier. Décidément, je m'ennuie chez ma tante à Paris.

PRUDENCE.

Est-ce que vous savez si vous vous y ennuierez! Nous n'y sommes que depuis trois jours. »

La sonnette s'agita avec violence.

« C'est votre tante, Mam'selle! c'est votre tante! s'écria Prudence avec terreur. Allez-y; elle vous battrait. »

Simplicie, qui partageait la frayeur de Prudence et qui devait se soumettre aux exigences de sa tante, se rendit enfin à son appel et la trouva avec un commencement de colère.

« Qu'est-ce qui te prend donc de ne pas venir quand je t'appelle? Je n'aime pas à attendre, moi. Tiens, voici deux robes, un chapeau et un manteau raisonnables; tu ne sortiras pas avant qu'une des robes soit faite; travailles-y avec Prudence; Croquemitaine t'aidera quand elle pourra. Emporte ça, et à dîner ne m'apporte pas un air grognon; je n'aime pas cela. Tu as vu que je sais me servir de mes mains et de mes pieds; ne me fais pas recommencer une seconde fois : je te secouerais plus fort que la première. »

Simplicie ne répondit pas, prit le paquet et le porta dans sa chambre.

SIMPLICIE.

Ma tante veut que nous fassions les robes nous-mêmes; elle dit que je ne sortirai que lorsqu'il y en aura une de faite.

PRUDENCE.

Soyez tranquille, Mam'selle, je vais bien me dépêcher; quand je devrais veiller un peu, vous l'aurez après-demain.

SIMPLICIE.

Il ne faut pas que tu te fatigues par trop, Prudence. Je t'aiderai de mon mieux.

PRUDENCE.

Bien, bien, Mam'selle, vous m'aiderez si vous voulez; ça n'en marchera que mieux. Je vais me mettre tout de suite à en tailler une. Laquelle voulez-vous avoir la première, Mam'selle?

SIMPLICIE.

Celle à pois bleus, elle me plaît beaucoup. »

Prudence prit la pièce marron et bleu, et commença par tailler la jupe pour donner à Simplicie une occupation facile. Leur journée s'acheva paisiblement; Mme Bonbeck semblait avoir oublié sa colère et le reste; les yeux seuls de Simplicie en témoignaient.

X

INNOCENT AU COLLÈGE

Deux jours après, Simplicie eut sa robe. Prudence avait passé presque toute la nuit à la terminer, et le lendemain elle eut à supporter une bonne gronderie de Mme Bonbeck, qui ne voulait pas qu'on veillât, à cause de la chandelle ou de l'huile qu'on brûlait. Simplicie, qui s'était ennuyée pendant deux jours et qui avait plus d'une fois regretté ses parents et la campagne, fut enchantée de s'habiller pour aller voir Innocent à la pension. Cette fois elle n'alla pas en voiture, elle ne s'arrêta pas à toutes les boutiques, et Coz, qui les accompagnait, n'eut pas à faire taire des gamins ni à dissiper des attroupements. Ils arrivèrent sans aventure à la pension et demandèrent Innocent; on les fit entrer au parloir, et ils attendirent.

Pendant que ces dames attendent, nous allons

raconter comment Innocent avait passé ses premiers jours avec ses nouveaux camarades.

Quand le maître de pension ramena Innocent dans la cour où jouaient les élèves, il les appela tous.

« Messieurs, leur dit-il, je vous recommande de l'indulgence et de la charité envers ce nouveau camarade que je vous amène; vous l'avez déjà bousculé et maltraité. Je ne veux pas de ces plaisanteries brutales qui nuisent à la bonne renommée de ma maison.

— Nous n'avons rien fait, Monsieur; nous avons joué entre nous, s'écrièrent les élèves.

— Ce n'est pas vrai, dit Innocent; vous m'avez tiré ma redingote, vous m'avez jeté par terre, vous avez enfermé Prudence, Simplicie et le Polonais dans la cour.

— Tu mens, dit un grand élève, ce n'est pas nous qui avons fait cela.

INNOCENT.

C'est vous tous; et vous qui parlez, vous avez dit que vous étiez le délégué du maître.

LE MAITRE.

Ah! c'est donc vous, Monsieur Léon, qui vous êtes rendu coupable de ce manque de respect, de cette haute inconvenance envers ma maison et les personnes qui m'avaient amené un élève?

LÉON.

Non, M'sieu; il ment, ce n'est pas moi.

INNOCENT.

C'est vous; je vous reconnais bien; et quand

Prudence, Simplicie et le Polonais viendront me voir, ils vous reconnaîtront bien aussi.

LE MAITRE.

Monsieur Léon, je vois à votre mine que vous

M. Léon et autres meneurs.

êtes coupable; et l'accent de ce jeune homme est l'accent de la vérité.

LÉON.

Mais, M'sieu....

LE MAITRE.

Je ne vous parle pas de ça. Je dis que c'est vous et que vous serez privé de sortie dimanche prochain.

LÉON.

Mais, M'sieu....

LE MAITRE.

Je ne vous parle pas de ça. Vous ne sortirez pas. »

Le maître se retira, laissant Innocent en proie aux vengeances de ses ennemis.

« Rapporteur ! capon ! dit Léon en lui allongeant un coup de poing sur l'épaule.

— Méchant ! langue de pie ! dit un autre élève en lui tirant les cheveux.

— Mouchard ! crièrent les autres en lui tirant les oreilles, les cheveux, en lui assenant des coups de pied, des coups de poing.

— Aïe, aïe ! au secours ! ils me battent, ils m'arrachent les cheveux, ils me griffent ! » criait Innocent en se débattant.

Le maître d'étude, habitué à ces cris et à ces combats dans cette pension mal tenue et mal composée, n'y fit aucune attention, jusqu'à ce que les cris furent devenus aigus et violents. Il marcha alors vers le groupe, se fit jour jusqu'à Innocent, qu'il dégagea des mains et des pieds de ses ennemis. Il le retira échevelé et sanglotant.

« C'est une honte, Messieurs ! un abus de force ! une lâcheté ! Tomber cinquante à la fois sur un innocent, maigre, faible et incapable de se défendre. Vous êtes tous au piquet, Messieurs.

— Mais, M'sieu, il a rapporté ; il a fait punir Léon ; il mérite d'être puni lui-même.

— Vous voyez bien que, venant d'arriver, il ne connaît pas les usages de la pension. Fallait-il l'assommer pour cela ? Au piquet tous, jusqu'à la fin de la récréation. »

La résistance était inutile : les élèves s'alignèrent contre le mur, laissant Innocent maître du champ de bataille. Il remit en ordre ses vêtements, ses cheveux, regarda les élèves d'un air de triomphe, et se promena en long et en large derrière eux. Quand il les approchait de trop près, il recevait un coup de pied lestement détaché; d'autres lui tiraient la langue, lui lançaient de petits cailloux, du sable, lui décochaient des injures et des menaces.

« Tu ne l'emporteras pas en paradis, mauvais mouchard! lui dit Léon.

— Nous te corrigerons de faire le rapporteur, dit un autre.

— Je me mettrai près du maître, répondit Innocent.

— On saura bien te trouver seul, mauvais Judas.

— M'sieu, dit Innocent en s'approchant du maître d'étude, ils m'appellent Judas, mouchard, rapporteur, et je ne sais quoi encore.

LE MAITRE.

Taisez-vous, Monsieur; vous me fatiguez de vos plaintes. Ne les agacez pas, ils ne vous diront rien.

INNOCENT.

Je ne leur dis rien, M'sieu; je me promène.

LE MAITRE.

Vous les narguez, Monsieur. Est-ce que je ne vois pas votre air moqueur et insolent?

INNOCENT.

Mais, M'sieu, puisqu'ils m'appellent Judas!

LE MAITRE.

Ils ont raison, Monsieur. Et je vous préviens que si vous continuez comme vous avez commencé ils vous rompront les os, ils vous écorcheront vif, sans que je puisse les en empêcher.

INNOCENT.

Ah! mon Dieu! je ne peux pas rester ici; je veux m'en aller chez ma tante.

LE MAITRE.

Il n'y a plus de tante pour vous, Monsieur; vous êtes ici, vous y resterez; nous répondons de votre personne, et personne n'a le droit de venir vous reprendre.

INNOCENT.

J'écrirai à papa, à maman; je ne peux pas rester ici pour avoir les os rompus et la peau arrachée. Les méchants garçons! Je les déteste!

LE MAITRE.

Détestez-les tant que vous voudrez, Monsieur, mais ne les taquinez pas; c'est dans votre intérêt que je vous le dis. »

Le maître d'étude s'éloigna, laissant Innocent tout penaud au milieu de la cour. Quand il leva les yeux sur ses camarades, ils lui firent tous les cornes.

Innocent resta immobile en face d'eux, cherchant, sans le trouver, un moyen de défense contre les agressions qu'il redoutait. Mais que pouvait-il faire seul contre douze? La cloche sonnait pendant qu'il réfléchissait.

« En classe, Messieurs! en classe! » cria le maître d'étude.

Les élèves quittèrent leur mur avec une vive satisfaction et se dirigèrent deux par deux vers la

Il se promena de long en large derrière eux.

classe, ils défilèrent devant Innocent, et chacun lui donna en passant une chiquenaude, un pinçon, une claque, un coup de pied. Innocent, au lieu de s'éloigner, resta en place comme un nigaud et suivit ses camarades en pleurnichant. Le maître d'étude lui assigna sa place, lui fit donner un pupitre et les cahiers et livres nécessaires.

Le voisin d'Innocent lui pinça les parties charnues.

« Laisse-moi, méchant ! Ne me touche pas !

— Silence, là-bas ! » dit le maître d'étude.

Quelques instants après, même agacerie, même réclamation d'Innocent.

« Monsieur, si vous parlez encore, je vous marque dix mauvais points.

INNOCENT.

M'sieu, ce n'est pas ma faute ; il me pince.

LE MAÎTRE D'ÉTUDE.

Taisez-vous, Monsieur.

INNOCENT.

M'sieu, c'est lui….

LE MAÎTRE D'ÉTUDE, *écrivant sur le tableau.*

Dix mauvais points pour Gargilier.

INNOCENT, *pleurant.*

M'sieu, ce n'est pas juste ; ce n'est pas ma faute.

LE MAÎTRE D'ÉTUDE, *écrivant.*

Vingt mauvais points pour Gargilier.

INNOCENT, *sanglotant.*

Je le dirai au maître ; ce n'est pas juste.

LE MAÎTRE D'ÉTUDE.

Deux cents vers à copier, Monsieur Gargilier, pour insubordination et impertinences. »

Des bravos et des battements de mains partirent de tous les bancs.

LE MAITRE D'ÉTUDE.

Silence, mauvais sujets ! mauvais cœurs ! Comme c'est vilain de se réjouir du malheur d'un camarade !

PLUSIEURS VOIX.

M'sieu, puisqu'il est impertinent pour vous !

LE MAITRE D'ÉTUDE.

Ça vous chagrine beaucoup, n'est-il pas vrai, qu'il soit impertinent envers moi ? On dirait que vous ne l'êtes jamais, vous autres ; un tas d'insolents de braillards, de fainéants !

QUELQUES VOIX.

Mais, M'sieu....

LE MAITRE D'ÉTUDE.

Silence ! Le premier qui parle a trois cents vers à copier. »

La menace fit son effet; le silence le plus absolu régna dans la salle ; on n'entendait d'autre bruit que celui des feuillets qu'on tournait, des plumes grinçant sur le papier, et les sanglots d'Innocent.

LE MAITRE.

Aurez-vous bientôt fini vos gémissements douloureux, Gargilier ! C'est assommant, ça. Si j'entends encore un sanglot ou un soupir, je vous donne cinq cents vers au lieu de deux cents. »

Innocent se moucha fortement, essuya ses yeux, retint ses pleurs. Il commença son pensum tout en pestant contre le maître, les élèves, et en regrettant déjà de se trouver dans cette pension, objet de ses ardents désirs depuis plusieurs mois.

« Je mènerai une jolie vie dans cette maudite maison! pensait-il en répandant quelques larmes silencieuses. De méchants camarades, des maîtres injustes et cruels! On me gronde, on me punit à tort, et l'on ne veut pas me laisser parler pour me justifier! Si j'avais su que la pension fût si désagréable, je n'aurais jamais demandé à y entrer. »

Les voisins d'Innocent, satisfaits de le voir puni, ne le tourmentèrent plus et le laissèrent tranquillement achever ses deux cents vers, ce qui fut facile; n'ayant pas de devoir à faire de la classe précédente, il employa les deux heures d'étude à faire son pensum. Quand la cloche sonna la classe, Innocent présenta son cahier au maître d'étude, qui l'examina et le trouva bien.

« C'est bien, Monsieur. Je vous marque dix bons points.

— Merci, Monsieur, vous êtes bien bon », répondit Innocent enchanté.

Le maître d'étude, qui n'était pas habitué aux politesses et aux compliments de ses élèves, parut très satisfait, et, sans en rien dire, effaça les vingt mauvais points qu'il avait marqués précédemment.

La classe se passa comme toutes les classes de cette pension : le maître fut ennuyeux, sévère, parfois injuste; les élèves furent bruyants, indociles, insupportables : un ange y aurait perdu patience. Innocent était ébahi; il eut de la peine à comprendre la leçon, tant il y eut d'interruptions, de tumulte sourd, de réclamations. Deux élèves furent renvoyés de la classe; Innocent croyait les retrouver tristes et honteux; il fut surpris de les entendre, à la récréation, rire de leur renvoi et raconter qu'ils avaient réussi à le cacher au maître de pension.

« Comment avez-vous fait? demanda Innocent.

LES ÉLÈVES.

Pas difficile, va; au lieu de rentrer en étude, nous sommes restés au parloir à nous reposer et à nous amuser. Et quand les camarades sont rentrés, nous nous sommes mêlés à eux comme si nous n'avions pas quitté les rangs.

INNOCENT.

Et si quelqu'un était entré au parloir?

LES ÉLÈVES.

Bah! personne n'y entre à cette heure-ci; et si même quelqu'un était venu, nous nous serions fourrés sous la table, qui est couverte d'un grand tapis; personne ne nous aurait vus.

INNOCENT.

Et si le professeur dit au maître qu'il vous a renvoyés?

LES ÉLÈVES.

Pas de danger: une fois sorti de la classe, il n'y pense plus, et il ne voit pas souvent le maître.

— Dis donc, Gargilier, s'écria un élève, est-ce que tu ne manges rien avec ton pain?

INNOCENT.

Je n'ai rien; il faut bien que je le mange sec.

L'ÉLÈVE.

Et pourquoi n'achètes-tu pas quelque chose?

INNOCENT.

Quoi?

L'ÉLÈVE.

Quoi? Du chocolat, parbleu! des tartes, des noix, des pommes, etc.

INNOCENT.

Où?

L'ÉLÈVE.

Chez le portier, imbécile; il vend de tout.

INNOCENT.

Je ne sais pas comment faire.

L'ÉLÈVE.

As-tu de l'argent? Je t'achèterai ce qu'il te faut, moi.

INNOCENT.

J'ai vingt francs; mais, dans ma poche, je n'ai que vingt sous.

— C'est bien, donne-les-moi : tu vas voir. »

L'élève courut chez le portier :

« Père Frimousse, avez-vous de bonne marchandise, bien fraîche?

LE PORTIER.

Je crois bien, Monsieur! Voyez, choisissez.

L'ÉLÈVE.

Je prends dix croquets, deux pommes, un quarteron de noix et deux tartes. Combien le tout?

LE PORTIER.

Dix croquets, cent centimes; deux pommes, vingt centimes; les noix, vingt-cinq centimes; les tartes, quarante centimes : total, deux francs quinze centimes. »

L'élève ne prit pas la peine de vérifier le compte du portier; il ne s'aperçut pas qu'on lui faisait payer trente centimes de trop.

L'ÉLÈVE.

Tenez, voici toujours un franc à compte; mettez le reste sur le mémoire de Gargilier.

LE PORTIER.

Gargilier? connais pas. Je ne fais pas crédit à l'inconnu.

L'ÉLÈVE.

C'est le nouvel élève arrivé ce matin; son père est immensément riche; il donne au fils tout ce qu'il veut : il n'y a pas de danger que vous perdiez avec lui.

LE PORTIER.

C'est possible! Mais, tout de même, je ne serais pas fâché d'avoir mon argent : si demain je ne suis pas payé, je fais du bruit.

L'ÉLÈVE.

Vous serez payé demain, c'est moi qui vous le dis.

LE PORTIER.

Avec ça que vous êtes de bonne paye, vous, qui n'avez jamais un sou! C'est toujours les autres qui payent pour vous.

L'ÉLÈVE.

Qu'est-ce que ça vous fait, puisque, au total, vous n'y perdez jamais rien! Je fais aller votre commerce, moi.

« Tenez voici toujours un franc à compte. »

LE PORTIER.

Et vous vous nourrissez bien, aussi. Voilà que vous avez mangé la moitié des provisions de votre protégé. Comment l'appelez-vous, ce brave garçon?

L'ÉLÈVE.

Gargilier! Une bonne pratique, allez! Bête comme il n'y en a pas; niais comme on n'en voit pas; un vrai Jocrisse

LE PORTIER.

Bien, bien, on en fera son profit; merci, Monsieur.... Tout de même ne mangez pas tout.

L'ÉLÈVE.

Non, non, je n'en mange que juste la moitié; le reste est pour lui. »

L'élève partit en courant, et remit aux mains impatientes d'Innocent cinq croquets, une pomme, dix noix et une tarte.

L'ÉLÈVE.

Tiens, Gargilier, tu vas te régaler; j'en ai pris beaucoup, tu en auras pour deux ou trois jours; alors tu me redois un franc quinze, que j'ai payés pour toi.

INNOCENT.

Comme c'est cher! Deux francs quinze pour si peu de chose!

L'ÉLÈVE.

Tu appelles ça peu de chose, toi! Cinq beaux croquets....

INNOCENT.

Pas déjà si beaux, et secs comme des pendus.

L'ÉLÈVE.

Une pomme magnifique....

INNOCENT.

Petite et ridée, tu appelles cela magnifique !

L'ÉLÈVE.

Dix noix, une tarte excellente ! »

Innocent goûta la tarte et dit, en faisant la grimace :

« La cuisinière de maman en faisait de meilleures ; ça sent le rance et la poussière !

L'ÉLÈVE.

Ma foi, mon cher, une autre fois achète toi-même et choisis à ton idée. Je ne fais plus tes commissions, moi. En attendant, rends-moi mes vingt-trois sous.

INNOCENT.

Je te les donnerai quand nous rentrerons en étude ; j'ai mis mon argent dans mon pupitre. »

L'élève, satisfait de son premier succès, n'insista pas. Innocent goûta à tout et y goûta tant et tant qu'il ne lui resta plus rien pour le lendemain. En rentrant à l'étude, il donna à l'élève infidèle une pièce de cinq francs en le priant de lui rendre le reste en monnaie.

« Je n'en ai pas maintenant, je te la rendrai à la première occasion. »

Il courut chez le portier, et, lui remettant la pièce de cinq francs :

« Tenez, père Frimousse, Gargilier vous envoie cinq francs. Vous les garderez, et il aura chez vous un compte courant. Il vous donnera de temps en temps une ou deux pièces de cinq francs. De cette façon, vous êtes payé d'avance, et vous êtes bien sûr de n'y rien perdre. »

Le portier, enchanté de cet arrangement au moyen duquel il pouvait faire des gains considérables, remercia l'élève qui lui valait cette bonne pratique et témoigna sa satisfaction en lui offrant une tablette de chocolat, que le coupable accepta et avala avec joie.

XI

LA POUSSÉE

Innocent croyait être rentré en grâce auprès de ses camarades; les dernières récréations s'étaient bien passées; le maître d'étude, qui les surveillait de près, ne trouva rien à redire à la conduite des élèves envers Innocent, qu'il honorait d'une protection particulière, et qui cherchait toutes les occasions de lui être agréable. Les élèves s'apercevaient bien de la faveur d'Innocent; ils en parlaient bas entre eux, mais ils ne lui en faisaient voir ni jalousie ni rancune. Trois jours s'étaient passés depuis l'entrée d'Innocent en pension; il paraissait s'habituer à ses camarades, et eux, de leur côté, ne semblaient avoir conservé aucun souvenir des orages du premier jour. Mais ce calme était un calme trompeur; l'oubli du passé n'était qu'apparent. Le grand élève ne perdait pas de vue sa vengeance, exaspéré par l'approche du dimanche, qui était son jour de pénitence. Il avait vainement cherché un moment d'absence ou d'inattention du maître d'étude ; toujours il le voyait à son poste et attentif à leurs mouvements. Un vendredi enfin le maître d'étude fut demandé par le chef du pensionnat pour la vérification des bons et mauvais points des élèves ; le grand élève s'aperçut de l'absence, il fit le signal convenu avec les élèves de la classe supérieure qui étaient dans le complot ; un *hop!* retentissant se fit entendre, et toute la grande classe se rua sur le malheureux Innocent, l'entraîna dans une encoignure, et là commença ce que les collégiens appellent la presse ou une poussée. Tous se jetèrent sur Innocent pour le presser, l'écraser contre le mur ; les plus rapprochés l'écrasaient de leur poids, ceux qui suivaient aidaient à la poussée. Le malheureux Innocent, effrayé, éperdu, voulut crier, mais ses cris furent étouffés par les cris de joie et de triomphe de ses bourreaux. Il suffoquait de plus en plus, la frayeur lui coupait la respiration, qui devenait difficile, ses yeux s'injectaient de sang, sa voix ne pouvait plus se faire passage, son regard suppliant demandait grâce, et les méchants élèves poussaient, poussaient toujours, ne croyant pas le mal aussi grand et riant des gémissements de leur victime. A ce moment, un autre grand cri, parti d'un autre groupe, se fit entendre. C'était la classe moyenne, celle d'Innocent, qui, d'abord spectatrice indifférente de la poussée, commença à s'indigner et à s'émouvoir quand elle vit la torture qu'on infligeait

Là commença ce que les collégiens appellent la poussée.

à Innocent. Paul, Louis et Jacques se concertèrent en un instant pour délivrer leur camarade; ils ameutèrent la classe, se mirent à sa tête, et, poussant un hourra formidable, s'élancèrent comme des lions sur le groupe des pousseurs; ils les tirèrent par leurs habits, par les jambes, par les cheveux, par les oreilles, les forcèrent à lâcher prise, arrivèrent ainsi jusqu'à Innocent, qu'ils trouvèrent haletant, sans parole, presque sans regard. Pendant que Paul, aidé de quelques camarades, emportait Innocent au grand air, Louis et Jacques menaient les amis au combat contre les grands élèves, qu'ils rossèrent et culbutèrent malgré leur force. Au plus fort de la bataille, mais au moment où la défaite des grands était constatée par une fuite générale, le maître d'étude et le maître de pension parurent, attirés par les cris étranges qu'ils avaient entendus. Innocent était couché par terre; Paul, aidé par trois de ses camarades, lui avait dénoué sa cravate, déboutonné son gilet; ils lui mouillaient le front et les tempes d'eau froide qu'ils prenaient à la pompe; les yeux d'Innocent étaient fermés, ses dents étaient serrées, ses mains raidies convulsivement; son front était pâle et crispé.

La cour de récréation était un vaste champ de bataille; de tous côtés on se battait; des grands fuyaient devant les moyens, qui étaient en bien plus grand nombre; d'autres se retiraient en montrant les poings et en lançant des ruades à leurs poursuivants.

« Qu'est-ce donc qui se passe ici, pour l'amour

de Dieu? s'écria le maître alarmé. Hervé, tâchez de rétablir l'ordre, pendant que je tâcherai, de mon côté de savoir ce qui est arrivé. »

Et, s'approchant du groupe qui entourait Innocent, il demanda à Paul ce qu'il y avait et pourquoi Innocent était dans ce déplorable état.

« Monsieur, répondit Paul avec force et avec calme, vous savez que jamais je ne dénonce aucun de mes camarades, mais aujourd'hui je me croirais coupable si je vous cachais la vérité. Par suite de la dénonciation de Gargilier contre Léon Granier, celui-ci a juré avec Georges Crépu et Alamir Dandin de se venger de ce pauvre garçon, qui ne connaissait pas les usages des pensions, et qui croyait sans doute agir loyalement en disant la vérité. Ils ont attendu un moment où l'absence de M. Hervé donnait le champ libre à leur vengeance, ils ont *pressé* Gargilier, et d'une manière inusitée, car jamais nous ne prolongeons cette punition au delà d'une plaisanterie plus alarmante que pénible. Malgré sa terreur, ses cris et ses supplications, ils l'ont pressé jusqu'à ce qu'il fût hors d'état de se défendre. Moi et mes camarades, nous nous sommes précipités pour le délivrer quand nous avons reconnu qu'il courait un danger sérieux; mais nous n'y avons réussi qu'après bataille; il y a eu du temps perdu, et lorsque nous avons pu le dégager, il était près de perdre connaissance. Nous l'avons apporté ici pendant que les autres continuaient à mettre la grande classe en déroute, et nous ne savons que faire pour lui rendre le sentiment.

Ils s'élancèrent comme des lions sur le groupe des pousseurs. (Page 150.)

— Vite un médecin ! s'écria le maître, s'adressant à un garçon de classe. Vous avez bien agi, mes amis, ajouta-t-il en serrant fortement la main à Paul, à Louis et à Jacques. Quant à ces méchants garnements, ils recevront leur punition. »

Le maître d'étude était parvenu à rétablir l'ordre ; la grande classe, honteuse et alarmée, l'œil morne et la tête baissée, s'était rangée d'un côté de la cour ; la classe moyenne, radieuse et triomphante, s'était placée en face, la tête haute, les yeux brillants.

« Messieurs, dit le maître s'adressant à la classe moyenne, vous vous êtes comportés bravement, avec humanité et générosité ; vous avez, comme preuve de ma satisfaction, une levée générale de mauvais points. »

Cette annonce fut reçue avec enthousiasme par des cris de : *Vive Monsieur le chef de la pension !*

Se tournant ensuite vers la grande classe :

« Messieurs, leur dit-il, vous vous êtes conduits comme des barbares et des lâches ! (Un frémissement de colère se fait sentir dans l'auditoire.) Oui, Messieurs, comme des lâches ! répéta le maître avec force. Vous vous êtes mis douze contre un ; vous avez usé lâchement et cruellement d'un moyen barbare en lui-même, et que des garçons de cœur et d'honneur devraient repousser avec indignation. Vous vous êtes sauvés devant une classe inférieure qui vous a battus et chassés : elle, forte du sentiment généreux qui l'excitait contre vous ; et vous, faibles par le sentiment de votre propre dégradation. Messieurs Granier, Crépu et Dandin, vous êtes chassés de ma maison ; vous resterez consignés dans les cachots jusqu'à ce que vos parents vous envoient chercher.... Ah! pas de réclamations, Messieurs! elles seraient inutiles, continua le maître ; je ne fais jamais grâce aux fautes de cœur et d'honneur. Et vous, Messieurs de la grande classe, vous êtes tous en retenue jusqu'à nouvel ordre ; rentrez en étude, votre récréation est finie. »

La grande classe défila en silence et se rendit à l'étude ; l'absence du maître leur permit de raisonner de l'événement dont les rendait victimes leur méchanceté. Ils se disputèrent, se reprochèrent les uns aux autres de s'être entraînés, se désolèrent de la retenue qui pouvait les priver de la sortie du dimanche. L'un devait aller au spectacle ; l'autre avait un dîner d'amis et de cousins ; un troisième avait une soirée de tours merveilleux ; un autre encore avait, chez un oncle fort riche, une loterie où tous les numéros étaient gagnants, et de fort beaux lots. D'autres gémissaient, pleuraient. Peu se repentaient sincèrement et s'affligeaient de la mauvaise action qu'ils avaient commise ; parmi ces derniers, l'un d'eux, Hector Froment, qui était resté silencieux, la tête cachée dans ses mains, frappa tout à coup du poing sur la table et s'écria :

« Eh bien, mes amis, c'est bien fait! Nous n'avons que ce que nous méritons! Depuis six mois que nous nous laissons conduire par ces trois méchants garçons qui vont être chassés (et j'en suis très content), nous n'avons que des retenues, des pensums, des réprimandes ; je ne sais si cela vous arrange, vous, mais moi, je déclare que tout cela m'ennuie et que je n'en veux plus; je veux redevenir ce que j'étais, un bon élève, un brave garçon, comme l'est ce Paul Rivier qui nous a dénoncés. Il a eu raison : c'est....

— C'est un pestard et un lâche! je ne le regarderai de ma vie! s'écria un élève furieux.

— Je te dis, moi, que c'est un brave et honnête garçon. Les lâches, c'est nous, comme a dit le maître.

— Ah çà! vas-tu fouiner, capon?

— Je ne fouine pas, je ne caponne pas; mais je dis ce que je pense, et je pense ce que je dis.

— Imbécile! » dit l'élève en levant les épaules.

Hector ne répondit pas; il prit du papier et se mit à écrire. Les autres, après quelques instants de discussion, de gémissements et de regrets, firent comme lui : les devoirs y gagnèrent d'être mieux faits que d'habitude; les leçons apprises et bien sues; le silence fut gardé plus exactement que jamais. Le maître d'étude n'eut pas un mauvais point à marquer.

Pendant que les coupables se rendaient, les uns au cachot, les autres en étude, le garçon de classe courait à toutes jambes chercher le médecin, qu'il ne trouva pas, et qu'il poursuivit de maison en maison en faisant quelques haltes, soit au café, soit au cabaret, quand il rencontrait un ami qui lui proposait une tasse ou un petit verre; pendant ce temps, Innocent se remettait petit à petit de sa frayeur et de son évanouissement; il ouvrit les yeux, la bouche, avala de l'air à pleins poumons, se releva, regarda autour de lui d'un air effaré, voulut marcher, et serait retombé si ses nouveaux amis ne l'eussent soutenu ; il les regarda avec surprise, essaya de parler, mais ne put parvenir à articuler une parole.

Le maître et le maître d'étude Hervé firent approcher un banc, sur lequel on assit Innocent. On lui fit avaler quelques gorgées d'eau fraîche et d'arnica ; on lui frotta d'eau et de vinaigre les tempes, le front et le visage. Il revint complètement à lui, et, quand il put parler, il remercia vivement les élèves qui lui donnaient des soins, et fondit en larmes.

« C'est bon cela, dit le maître, c'est une détente. Laissez-le pleurer, c'est très bon. »

Innocent pleura pendant quelques minutes ; il se calma graduellement, et, se tournant vers le maître, il le remercia de ses bontés ; il en fit autant au maître d'étude ; puis il demanda aux élèves ce qui était arrivé depuis qu'il avait perdu connaissance, qui l'avait sauvé et où étaient ses ennemis.

Paul lui expliqua ce qui s'était passé ; le maître compléta le récit et fit un grand éloge de Paul, Louis et Jacques. Innocent leur demanda de continuer à le protéger.

« Tu peux être tranquille, tu ne cours plus de dangers. M. le chef de pension renvoie les trois méchants qui montaient toujours les mauvais coups ; les autres auront peur et se tiendront en repos. Mais si on voulait te tourmenter, nous sommes là.

C'est que nous avons gagné là une fameuse victoire ! Vingt-trois moyens qui ont fait fuir douze grands !

— Nous sommes les zouaves du collège ! s'écria Louis.

— C'est ça ! 3ᵉ zouaves ! répondit Jacques.

— Mon pauvre garçon, tu devrais aller à l'infir-

Il revint complètement à lui.

merie prendre un bain de pieds et te coucher, dit le maître d'étude.

— Oui, Monsieur », répondit Innocent en se levant.

Ses amis demandèrent la permission de le conduire jusqu'à l'infirmerie et de le recommander à l'infirmière. Le maître y consentit, et Innocent et son escorte firent une entrée triomphale et bruyante à l'infirmerie. Il n'y avait heureusement aucun malade ce jour-là; ils racontèrent à l'infirmière ce qui était arrivé à Innocent; le récit traîna, fut recommencé dix fois; enfin, la classe moyenne fut obligée de se rendre à l'étude, et Innocent resta seul. Il était dans son lit, seul, bien seul : personne pour le plaindre, pour le consoler, pour l'amuser. L'infirmière allait et venait, lisait, travaillait et ne regardait seulement pas Innocent. Il acheva

L'infirmière fut inflexible.

tristement la journée, dormit mal, se leva le lendemain après la visite du médecin, qui déclara qu'il avait eu plus de peur que de mal, et qui ne lui ordonna ni sangsues, ni vésicatoire, ni diète, ni purgation. On lui apporta à manger; il mourait de faim, et il aurait voulu manger quatre fois autant qu'on lui en donnait; mais l'infirmière fut inflexible. Innocent passa encore une triste journée sans aucune occupation. Quelques élèves de la moyenne vinrent le voir pendant quelques instants. Paul lui apporta un livre amusant, Jacques lui donna une douzaine de billes ; Louis lui glissa en cachette deux croquets et une tablette de chocolat, qu'il mangea avec délices ; l'infirmière ne s'en aperçut qu'à la dernière bouchée : il n'y avait plus rien à confisquer ; elle gronda, menaça de se plaindre. Innocent se fâcha, se plaignit de mourir de faim. Ce fut la seule distraction réelle de la journée. Le second jour, qui était dimanche, il allait si bien qu'on lui permit de quitter l'infirmerie et de sortir si on venait le chercher. Mais, hélas ! personne ne vint ! Les élèves étaient tous partis, excepté la grande classe, condamnée à la retenue, et Innocent restait là : ni sa tante, ni sa sœur, ni Prudence n'avaient pensé à lui.

XII

LE PARLOIR

Après dîner, Innocent s'était retiré tristement dans un coin de la cour, lorsqu'il entendit appeler :

« Monsieur Gargilier, au parloir ! »

Ses yeux brillèrent, et il s'élança vers la porte qui menait au parloir. En l'ouvrant, il se trouva en face de Simplicie, de Prudence et de Cozrgbrlewski.

« Simplicie, Prudence, s'écria-t-il avec un accent de joie qui les surprit, que je suis content de vous voir ! Bonjour, Monsieur Coz. Comment allez-vous tous ? Comment va ma tante ?

SIMPLICIE.

Nous allons bien et ma tante va bien. Qu'est-ce qui te prend ? Pourquoi es-tu si content de nous voir ?

INNOCENT.

Oh oui ! je suis content ! Si tu savais comme

c'est triste d'être seul, sans amis, sans personne qui vous aime, qui s'intéresse à vous!

SIMPLICIE.

Comment, seul? Vous êtes près de cent ici.

INNOCENT.

On est plus de cent, plus de mille dans la rue, et pourtant on est comme si l'on était seul.

COZRGBRLEWSKI.

Tiens, tiens! vous pas content, Monsieur Nocent? Vous pas aimer être sans sœur et sans bonne femme?

INNOCENT.

Je m'ennuie, je suis seul.

SIMPLICIE.

C'est bien ta faute! Pourquoi as-tu voulu venir à Paris et en pension? Et moi aussi, je m'ennuie, et joliment, va!

INNOCENT.

Tu as ma tante, toi.

SIMPLICIE.

Oui, c'est agréable, ma tante! Elle me donne des soufflets, elle me gronde. Je la déteste.

INNOCENT.

Tu as Prudence.

SIMPLICIE.

Prudence est ma bonne; je ne peux pas faire d'elle ma société.

INNOCENT.

Elle t'aime. Ici personne ne m'aime.

SIMPLICIE.

Pourquoi as-tu voulu venir? C'est ta faute.

INNOCENT.

Oui, c'est ma faute ; je m'en repens bien, je t'assure.

SIMPLICIE.

Et moi donc, si je pouvais retourner à Gargilier, comme je serais contente !

INNOCENT.

A quoi t'amuses-tu ?

SIMPLICIE.

A rien ; je m'ennuie.

INNOCENT.

Et toi, Prudence ?

PRUDENCE.

Oh ! l'ouvrage ne me manque pas, Monsieur ; je ne m'ennuie pas. Je savonne, je repasse, je couds, je lave la vaisselle, j'aide à la cuisine, je promène Mam'selle.

INNOCENT.

Tu es bien heureuse de ne pas t'ennuyer ; moi, je m'ennuie.

SIMPLICIE.

Tu ne fais donc rien ?

INNOCENT.

Rien.

SIMPLICIE.

A quoi passes-tu ton temps ? Je croyais qu'on travaillait beaucoup en pension.

INNOCENT.

C'est vrai, on travaille ; mais je n'ai pu rien faire parce que j'ai été malade.

PRUDENCE.

Qu'avez-vous eu, Monsieur Innocent ?

INNOCENT.

Ils m'ont pressé, j'ai manqué étouffer, je suis tombé sans connaissance; Paul, Louis et Jacques m'ont délivré.

PRUDENCE.

Mais c'est abominable! et pourquoi? et qui? »

Innocent, enchanté d'exciter la compassion, raconta longuement la *poussée* dont il avait été victime et le renvoi des trois élèves qui avaient excité les autres et qui avaient dirigé la *presse*. Simplicie admirait plus le courage des défenseurs d'Innocent qu'elle ne plaignait son frère. Quand il eut fini son récit, Prudence pleurait à chaudes larmes. Cozrgbrlewski regardait le plafond d'un air féroce, serrait les poings et répétait :

« Si moi là, moi aurait tué tous, comme à Ostrolenka. Brigands, scélérats, bêtes brutes! »

Simplicie restait impassible et disait de temps en temps :

« Voilà ce que c'est!... C'est bien ta faute! Tu as voulu être en pension!... et voilà ce que tu as gagné à ton pensionnat!

INNOCENT.

Tais-toi donc, tu m'ennuies! Est-ce que je savais que ces garçons étaient si méchants!

PRUDENCE.

Qu'allez-vous devenir, mon pauvre Monsieur Innocent, avec ces mauvais garnements? Ils vont vous mettre en pièces.

INNOCENT.

Le maître a chassé les trois plus méchants; les

autres n'oseront pas; et puis j'ai des amis qui me défendront contre les grands.

COZRGBRLEWSKI.

C'est grand qui a fait cela?

INNOCENT.

Oui, c'est la grande classe.

COZRGBRLEWSKI.

Coquins! Grand contre petit! Lâches! lâches! »

Au moment de la plus grande indignation de Coz, deux élèves de la grande classe entrèrent au parloir. Coz s'élança vers eux:

« Vous, quelle classe? petit ou grand?

— Grande, comme vous voyez; nous ne sommes plus dans les moutards.

— Ah! vous grande! vous lâches! vous *presser* M. Nocent! Voilà pour grands, voilà pour lâches, voilà pour *presse*. »

Et chaque *voilà* fut accompagné d'un moulinet de bras et de jambes qui terrassa les élèves avant qu'ils eussent pu se reconnaître. Prudence applaudissait, Simplicie criait, Innocent restait ébahi; Coz, les poings menaçants, regardait avec un sourire satisfait les deux élèves étendus à ses pieds, se relevant lentement et avec effroi. Quand ils furent debout, ils jetèrent à Coz un regard menaçant et quittèrent la salle. Coz se frottait les mains en riant et marchait à grands pas en long et en large dans le parloir.

INNOCENT.

Vous avez fait mal, Coz; ils vont être furieux contre moi.

COZRGBRLEWSKI.

Eux lâches, pas oser vous rien faire. Vos amis petits faire peur aux grands.

— Certainement que vous avez très mal fait, Monsieur Coz, reprit Simplicie avec aigreur; ces jeunes élèves ont l'air très bon, et vous avez été très grossier pour eux.

COZ.

Moi pas grossier, Mam'selle, mais moi juste; punir lâches, grands comme petits.

Coz regardait avec un sourire satisfait.

SIMPLICIE.

Mais ils sont punis, puisqu'ils ne sortent pas aujourd'hui dimanche.

COZ.

Pas assez cela, Mam'selle, pas assez: moi donner coups, c'est mieux.

— Ce Polonais est insupportable, marmotta Simplicie en haussant les épaules.

— Est-ce que vous n'allez pas venir avec nous, Monsieur Innocent? dit Prudence après une demi-heure de conversation. On sort le dimanche. Vous dînerez, et le soir Coz vous ramènera.

INNOCENT.

Je ne demande pas mieux, je serai enchanté; mais il faut une permission.

PRUDENCE.

Et comment faire?

INNOCENT.

Je vais aller la demander au maître. Attendez-moi, je vais revenir. »

Innocent se leva, ouvrit la porte, poussa un cri et rentra d'un bond dans le parloir. Coz, Prudence et Simplicie répétèrent ce cri, Innocent était noir comme

Il ouvrit la porte.

un nègre; sa tête, son visage, ses habits, ses mains étaient couverts d'un enduit noir et gluant. Ils continuèrent tous quatre à crier pendant que la porte, restée ouverte, laissait voir des têtes d'élèves qui apparaissaient et se retiraient aussitôt; les éclats de rire de la cour répondaient aux cris de détresse du parloir. Le portier arriva enfin, vit Innocent, devina le tour, et sortit précipitamment pour aller chercher les maîtres. Ils

12

ne tardèrent pas à accourir et témoignèrent leur colère en voyant cette nouvelle méchanceté des élèves. Les deux grands que Coz avait si bien rossés avaient pris conseil de leurs camarades et avaient décidé que Coz ou Innocent recevrait le grand baptême; ils étaient allés accrocher un pot de cirage à une ficelle au-dessus de la porte, de façon que la porte, en s'ouvrant, devait faire basculer le pot et le vider sur la personne qui sortirait la première; ils étaient bien sûrs que ce serait Innocent ou un des siens, puisqu'il n'y avait qu'eux au parloir, et ils se vengeraient ainsi de la volée de coups que Coz leur avait donnée.

Les maîtres emmenèrent Innocent dans la cuisine, où on le savonna à l'eau chaude des pieds à la tête. Prudence avait voulu le suivre et donner ses soins à son jeune maître. Simplicie et Coz étaient restés au parloir, Simplicie grondant Coz et lui reprochant d'avoir excité la colère des élèves en les injuriant et en les battant sans aucun motif. Coz ne disait rien et supportait avec une patience imperturbable les accusations malveillantes de Simplicie.

Enfin, Innocent rentra au parloir, blanc comme avant son baptême au cirage, et vêtu de sa plus belle redingote traînante, de son plus large pantalon à la mamelouk, de sa plus longue cravate à cornes menaçantes, et de ses bottes vernies à grands talons. Prudence était fière de la toilette de son jeune maître; Innocent était si content de sortir avec ses plus beaux vêtements, qu'il ne songeait plus à sa teinture si récente. Le maître, qui pensait à l'honneur de sa maison, restait sombre et mécontent ; il dit à Prudence et à Simplicie de ne pas s'alarmer du tour qu'on avait joué à Innocent, qu'il punirait sévèrement les coupables afin que chose pareille ne recommençât pas. Simplicie balbutia quelques paroles de remerciement, Prudence fit révérence sur révérence, Coz salua trois fois, et ils partirent avec Innocent.

Le maître entra dans la cour ; il fit mettre en rang la grande classe, et demanda le nom des nouveaux coupables. Le silence fut la seule réponse de la classe.

« Les coupables ne peuvent pas rester impunis, Messieurs, dit le maître ; toute la classe est consignée jusqu'à ce qu'ils se soient déclarés ; pas de récréations, pas de promenades. »

Le maître se retira. Les élèves se regardèrent avec anxiété, et tous entourèrent Grégoire et Honoré, les deux meneurs.

« Allez-vous nous laisser trimer jusqu'aux vacances, dites donc ? C'est joliment aimable ce que vous faites là ! Nous allons tous être enfermés parce qu'il vous plaît de vous faire rosser et de vous venger sur ce grand dadais de Gargilier. Ce garçon est un porte-malheur. Il nous a donné plus d'ennuis depuis huit jours qu'il est ici que nous n'en avions eu dans toute l'année.

GRÉGOIRE.

Alors pourquoi vous plaignez-vous que nous l'ayons un peu noirci ? Il n'a pas eu ce qu'il méritait. Je déteste ce Gargilier.

LES ÉLÈVES.

Mais ce n'est pas une raison pour faire une sottise qui nous a fait consigner.

GRÉGOIRE.

Ah bah! Vous avez tous dit oui, quand Honoré et moi nous avons parlé du grand baptême.

UN ÉLÈVE.

Oui, mais nous n'avons pas attaché le pot de cirage.

UN AUTRE ÉLÈVE.

Et puis, il fallait bien dire comme vous, pour ne pas se mettre en guerre avec vous.

LES ÉLÈVES.

Vous allez vous déclarer, et dès ce soir, avant la récréation; sinon, vous aurez les petites et les grandes misères, soyez-en sûrs. »

Grégoire et Honoré s'éloignèrent pour se consulter, pendant que les élèves continuèrent à s'agiter et à délibérer sur les vexations auxquelles seraient soumis les coupables. On décida que leurs pupitres seraient bouleversés, leurs copies déchirées, leurs livres tachés d'encre, leurs lits inondés, leurs chaussures enlevées, leurs brosses à cheveux brûlées, leurs provisions de bouche saupoudrées de terre et de cendre, leurs cheveux tirés, leurs oreilles allongées, leurs habits déchiquetés, et quelques autres inventions aussi méchantes. Quand on rentra dans les salles d'étude, Grégoire et Honoré, qui avaient appris par leurs camarades la décision prise contre eux, jugèrent prudent de se déclarer, et ils prièrent le maître d'étude d'aller dire au chef de pension qu'ils étaient les seuls coupables du tour joué à Innocent. Le maître d'étude les engagea à y aller eux-mêmes, et leur donna une permission de sortie de classe.

« Que me voulez-vous, Messieurs? Pourquoi quittez-vous l'étude? » leur demanda rudement le maître en les voyant entrer.

Les deux élèves présentèrent leur permission et balbutièrent une phrase pour expliquer que c'étaient eux qui avaient accroché le pot de cirage à la porte du parloir.

« C'est bien, Messieurs; vous faites bien d'avouer la vérité; votre punition en sera plus légère. Au lieu de vous renvoyer de ma maison, comme je l'aurais fait si je vous avais reconnus coupables sans votre aveu, je me borne à vous mettre en demi-retenue de récréation pendant trois jours; et à vous priver de la promenade au bois de Vincennes, jeudi prochain. Allez, Messieurs, et portez à M. Hervé ce papier qui lève la retenue de la classe. »

Ce fut ainsi que se termina l'aventure d'Innocent au parloir. Depuis ce jour, les vexations auxquelles il fut soumis furent moins pénibles et moins apparentes, mais dans la grande classe il resta toujours des sentiments de haine et de vengeance dont il eut souvent à souffrir, et que nous aurons encore occasion de signaler.

XIII

LA SORTIE.

Innocent partit enchanté de se retrouver avec les siens. Il n'attendit pas Simplicie, Prudence et Coz pour monter quatre à quatre l'escalier de sa tante et se précipiter dans le salon, où elle jouait sur son violon une symphonie de Beethoven, accompagnée par la flûte de Boginski.

« Bonjour, ma tante, comment vous portez-vous? s'écria Innocent en se jetant à son cou, sans égard pour la symphonie, le violon et l'archet.

MADAME BONBECK.

Que le diable t'emporte! Tu m'as fait rouler mon violon; tu as manqué briser mon meilleur archet, et tu nous as interrompus au plus beau passage de cette admirable symphonie en *la bémol*.

INNOCENT.

Pardon, ma tante; c'est que j'étais si content de vous voir!

MADAME BONBECK.

De me voir? Tiens! qu'est-ce qui te prend? tu me connais à peine.

INNOCENT.

Oui, ma tante, mais je vous aime beaucoup, et je vous ai regrettée plus d'une fois depuis huit jours que je suis en pension.

MADAME BONBECK.

Ce qui ne veut pas dire que tu m'aimes, mon garçon, mais que tu détestes la pension. Te voilà donc sorti?

INNOCENT.

Oui, ma tante, je viens achever la journée avec vous.

MADAME BONBECK.

Mais tu ne vas pas m'ennuyer au salon, empêcher ma musique, briser mes violons et me faire enrager. Va-t'en chez Simplicie, et reviens pour dîner. Allons, Boginski, reprenons l'*andante*; *pianissimo, con amore, maestoso!* »

A peine eut-elle tiré quelques sons du violon, qu'une nouvelle interruption vint l'irriter contre Innocent. En se retirant, il marcha sans le voir sur la queue du chat, à demi couché sur le ventre du chien. La douleur fit faire au chat un bond prodigieux; en retombant, les griffes de ses quatre pattes s'enfoncèrent dans la peau du chien, qui, bondissant à son tour, s'élança sur le chat, puis sur Innocent : le chat le reçut à coups de griffes, Innocent à coups de pied. La tante s'élança sur Innocent et lui cassa son archet sur le dos; d'un

« Bonjour, ma tante. » (Page 183.)

coup de pied elle lança l'amour des chats à l'autre bout de la chambre et d'un coup de poing terrassa l'amour des chiens; Innocent se sauva chez sa sœur, le chat se blottit sous un canapé, le chien se réfugia derrière un rideau, et Mme Bonbeck revint près de Boginski, son archet cassé à la main, jurant contre Innocent, regrettant son excellent archet, tâchant de le remplacer en cherchant dans cent qu'elle avait en réserve, et pestant contre les importuns, les enfants et les parents incommodes. Boginski ne disait rien, mais cherchait à la calmer en l'approuvant du geste, du regard et par quelques offres de service pour remettre en bon état l'archet cassé. Pendant qu'elle grondait, jurait et menaçait, Innocent et Simplicie demandèrent à Prudence de sortir à pied pour se promener et pour éviter la tante jusqu'au dîner. Prudence, toujours aux ordres de ses jeunes maîtres, y consentit sans peine, et ils sortirent tous trois accompagnés du fidèle Coz.

Innocent et Simplicie marchaient en avant; Prudence suivait avec Coz, qui lui offrit le bras pour avoir l'air de bons bourgeois faisant leur dimanche avec leurs enfants. Prudence, enchantée de se donner une si noble apparence, prit le bras de Coz, et tous deux suivirent les enfants.

Ils marchèrent longtemps et toujours droit en avant. Ils étaient arrivés sans le savoir aux Champs-Élysées; c'était pour eux un spectacle magnifique; les voitures, le beau monde, les petites boutiques, les jeux divers, les Guignols et autres théâtres leur causaient une admiration telle, que les enfants, oubliant Prudence et Coz, se perdirent dans la foule, et que Prudence et Coz, oubliant les enfants, les perdirent de vue. Innocent et Simplicie marchaient, s'arrêtaient, regardaient! Ils s'assirent devant un Guignol, et virent tous les crimes de Polichinelle et sa punition par le diable. Comme on finissait, une femme vint leur demander trois sous par chaise; ils n'avaient pas d'argent et se retournèrent pour en demander à Prudence. Point de Prudence; ils étaient seuls.

« Nous n'avons pas d'argent, dit timidement Innocent.

— Comment, pas d'argent! Et pourquoi venez-vous prendre mes chaises, si vous n'avez pas de quoi les payer?

— Nous croyions que ma bonne était avec nous.

— Ma bonne! Voyez donc ce grand dadais qui se promène avec sa bonne! Tout cela est bel et bon, mon brave garçon, mais il me faut mes six sous, et je saurai bien vous les faire dégorger. »

Innocent et Simplicie regardaient autour d'eux avec frayeur; la foule les entourait et prenait parti, les uns pour la femme, les autres pour les enfants. La femme les tarabustait, les menaçait de les faire arrêter comme vagabonds, et terrifiait de plus en plus les enfants, qui finirent par pleurer et appeler à leur secours Coz et leur bonne.

« Ça n'a pas de bon sens de tourmenter ainsi ces

Elle lui cassa son archet sur le dos. (Page 181.)

enfants, dit une bonne femme avec un panier sous le bras; vous voyez bien qu'ils n'ont pas de quoi vous payer; laissez-les donc tranquilles!

— Plus souvent que je me laisserais pigeonner de mes six sous! S'ils n'ont pas d'argent, ils ont des vêtements; ceux du garçon sont assez grands pour en vêtir deux. J'ai tout juste besoin d'une calotte pour mon petit gars; j'en trouverai une dans le trop-plein de sa redingote. Voyons, mon garçon, voici des ciseaux; vous allez vous tenir bien tranquille pendant que je vais tailler ma calotte.

Devant un Guignol.

— Au secours! au secours! cria Innocent poursuivi par la femme et se sauvant de chaise en chaise.

— Au secours! » répétait Simplicie courant après son frère.

Un sergent de ville arriva et s'informa de la cause de ce tumulte.

« Ils veulent me voler six sous! cria la femme.

— Elle veut me couper ma redingote, balbutia Innocent.

— Rendez à cette femme les six sous que vous lui avez volés, mauvais garnements, dit le sergent de ville.

— Nous n'avons pas volé; nous n'avons pas d'argent pour payer ses chaises; c'est ma bonne qui a l'argent, et ma bonne est perdue. »

Après quelques informations prises de droite et de gauche, le sergent de ville déclara à la femme furieuse qu'il prenait les enfants sous sa protection.

« Mais soyez tranquille pour vos six sous, ajouta-t-il; ces enfants ont sans doute leurs parents à Paris; en sachant leur adresse, vous rentrerez toujours dans vos six sous. Où demeurez-vous, mon garçon?

— Je loge à la pension des *Jeunes savants*, mais je suis sorti chez ma tante Mme Bonbeck. »

Le sergent de ville sourit; la foule éclata de rire à ce nom significatif.

« Un nom qui vous irait, dit un des rieurs à la bonne femme.

— Où demeure votre tante? demanda le sergent de ville.

— Rue Godot, répondit Innocent.

— Quel numéro?

— Je ne sais pas, j'ai oublié.

— Et comment donc ferez-vous pour payer cette brave femme? demanda le sergent de ville.

— Nous reconnaîtrons bien la maison, Simplicie et moi ; nous prendrons un fiacre qui nous y mènera.

— Connu, connu, mon fiston, dit la femme. Le

« Au secours ! au secours ! » cria Innocent. (Page 191.)

fiacre vous emmènera, mais ne vous mènera pas chez la tante, et j'en serai pour mon argent.

— Mon Dieu ! mon Dieu ! comment faire ? » s'écria Innocent éclatant en sanglots.

Le sergent, qui reconnaissait dans Innocent un accent et un air de vérité, lui dit de se calmer, qu'il ne leur arriverait rien de fâcheux, et qu'il les mènerait lui-même rue Godot.

« Je vous avancerais bien les six sous, bonne femme, mais je ne les ai pas sur moi, dit le sergent de ville; vous savez que je suis tous les jours de garde ici, vous me retrouverez, c'est moi qui réponds des six sous qu'on vous doit. »

Cette assurance calma la femme, et le sergent de ville allait emmener Innocent et Simplicie lorsque des cris se firent entendre, la foule fut séparée violemment, et une femme éperdue, suivie par un homme à mine étrange, s'élança dans le cercle au milieu duquel se tenaient le sergent, la loueuse de chaises et les enfants. Elle poussa la loueuse de chaises, fit trébucher le sergent, et saisit les enfants dans ses bras.

« Mes pauvres enfants, mes pauvres jeunes maîtres, faut-il que j'aie eu ce malheur! Vous perdre, et apprendre en vous cherchant que vous étiez accusés de vol par une méchante créature qui....

— Qu'est-ce à dire, méchante créature? interrompit la loueuse avec colère. Créature vous-même, et mauvaise créature, encore!...

— J'ai retrouvé mes enfants, je me moque de vos injures, vieille rien du tout, répondit Prudence avec majesté.

— Ah! vraiment! Moi, une rien du tout! Venez-y voir donc, perdeuse d'enfants, coureuse de promenades!

— Silence, Mesdames. Pas d'injures! Du calme, de la modération, dit le sergent.

— Mes pauvres enfants! mes pauvres jeunes maîtres! pardonnez-moi ma distraction; je ne sais où j'avais la tête d'avoir pu vous perdre de vue une seule minute! Je n'ai pas cessé de courir et de vous appeler depuis que je vous ai perdus. »

Prudence les embrassait, leur baisait les mains; elle ne songeait plus à la loueuse de chaises, ni à ses injures; elle questionnait les enfants, écoutait leurs explications, remerciant le sergent de ville. La foule s'attendrissait et laissa éclater un murmure de désapprobation quand la loueuse de chaises, s'approchant de Prudence, lui demanda impérieusement ses six sous.

« Quels six sous? que voulez-vous encore?

— Je veux mes six sous, ou je vous fais fourrer au violon. »

Le sergent de ville expliqua à Prudence la réclamation de la loueuse. Prudence s'empressa de tirer les six sous de sa poche et de les remettre à la femme, en lui disant avec sévérité :

« Les voilà, ces six sous pour lesquels vous avez insulté mes pauvres jeunes maîtres. Cet argent ne vous profitera pas, c'est moi qui vous le prédis. »

La femme, contente de ravoir un argent qu'elle croyait perdu, l'empocha sans répondre. La foule se dispersa, et Prudence, tenant Innocent d'une main, Simplicie de l'autre, et suivie de Coz, se mit en marche pour retourner à la maison, non sans avoir remercié encore le sergent de ville de la protection qu'il avait accordée à ses jeunes maîtres. Le Polonais était honteux d'avoir si mal rempli son rôle.

« Si Madame Prudence et Mam'selle et Monsieur veut rien dire à tante et à camarade Boginski ; moi pas bien faire ; moi avoir oublié regarder enfants, avoir regardé chevaux et Mme Prudence. Moi mauvais, mal fait ! Tante gronder, camarade gronder ! Et moi pauvre, triste. Je vous prie rien dire du pauvre Coz.

PRUDENCE.

Non, mon pauvre Monsieur Coz, je ne dirai rien, ni mes jeunes maîtres non plus ; c'est ma faute plus que la vôtre, moi la bonne, moi qui les ai élevés ! C'est moi qui suis coupable.

INNOCENT.

Non, non, Prudence, console-toi ; nous sommes bien plus coupables que toi ; nous marchions, nous nous arrêtions sans penser à toi et sans nous retourner pour voir si tu nous suivais. N'en parlons pas à ma tante, elle serait probablement en colère.

SIMPLICIE.

Et nous aurions des soufflets pour toute consolation.

COZRGBRLEWSKI.

Et moi chassé ; et n'avoir plus chambre ni dîner ; garder seulement trente sous donnés par gouvernement ; c'est pas assez pour tout acheter, tout payer.

PRUDENCE.

N'ayez pas peur, Monsieur Coz ; Mme Bonbeck et votre camarade ne sauront pas un mot de l'affaire. Dépêchons-nous pour ne pas être en retard, Mme Bonbeck n'aime pas à attendre. »

XIV

POLONAIS RECONNAISSANTS

Ils se dépêchèrent si bien qu'ils arrivèrent à la maison juste à temps pour dîner. Six heures sonnaient comme ils entraient au salon. Coz et Prudence, qui avaient longtemps couru à la recherche des enfants, étaient rouges et suants; ils allèrent chacun chez soi pour changer de linge, mais Coz n'eut que le temps de se baigner le visage; on l'appela et il accourut dans la salle à manger, où Mme Bonbeck se mettait à table avec Boginski et les enfants.

MADAME BONBECK.

Vous voilà, mon ami Coz? Quelle diable de figure vous avez! Plus rouge que vos cheveux! Où avez-vous été pour vous mettre en cet état?

COZ.

Moi pas rouge, Mâme Bonbeck; moi pas état; moi comme toujours.

MADAME BONBECK.

Je n'ai pourtant pas la berlue; je vous dis que vous êtes rouge comme un homme qui a couru la poste. Et je veux savoir pourquoi vous êtes rouge. Que diable! j'ai bien le droit de savoir pourquoi vous êtes rouge.

COZ.

Moi peux pas savoir, Mâme Bonbeck.

MADAME BONBECK.

Comment, peux pas savoir? Ah! je vois bien; on me cache quelque chose. Simplicie, qu'est-ce que c'est? Je veux que tu me le dises.

SIMPLICIE.

Je ne sais rien du tout, ma tante; M. Coz est rouge parce qu'il a chaud probablement.

MADAME BONBECK.

Et pourquoi a-t-il chaud?

SIMPLICIE.

Je ne sais pas, ma tante; probablement parce qu'il fait chaud.

MADAME BONBECK.

Alors pourquoi n'es-tu pas rouge, ni Innocent non plus?

SIMPLICIE.

Je ne sais pas, ma tante.

MADAME BONBECK.

Sotte, va! toujours la même réponse : « Je ne « sais pas, ma tante ». Innocent, mon garçon, tu n'es pas dissimulé, toi; et tu vas me dire pourquoi Coz est si rouge.

INNOCENT.

Ma tante, c'est parce qu'il a voulu se faire beau et qu'il a tellement serré sa cravate, qu'il suffoque et qu'il en sue.

MADAME BONBECK.

Merci, mon ami; et toi, grand imbécile, veux-tu lâcher ta cravate tout de suite? A-t-on jamais vu une sottise pareille! »

Coz ne répondit pas, il était stupéfait de l'invention d'Innocent et il n'éprouvait nullement le besoin de dénouer sa cravate.

« Entêté! coquet! s'écria Mme Bonbeck en se levant de table et se dirigeant vers Coz, attends, mon garçon, je vais te faire respirer librement. »

Elle saisit le bout de la cravate de Coz, qui, voulant se dégager, tira en arrière; la cravate se dénoua et resta dans les mains de Mme Bonbeck; on vit alors, à la grande confusion du pauvre Coz, qu'il n'avait pas de chemise et qu'au bas de la cravate était attaché un morceau de papier formant devant de chemise. Mme Bonbeck s'aperçut la première du dénûment du malheureux Polonais.

« Pauvre garçon! dit-elle. Pourquoi ne m'avez-vous pas dit que vous manquiez de linge? Et vous, Boginski, êtes-vous aussi pauvre que Coz? »

Boginski ne répondit pas, rougit et baissa la tête. Mme Bonbeck examina sa cravate et vit qu'elle avait également un morceau de papier comme celle de Coz. Elle ne dit rien, se rassit, servit la soupe, et chacun la mangea en silence. Le reste du dîner fut sérieux. Mme Bonbeck servit les Polonais plus abondamment que de coutume. Après dîner, elle appela Croquemitaine, causa avec elle quelques instants, lui glissa dans la main quelques pièces d'argent, rentra dans le salon, donna à Coz de la musique à graver, fit accorder le piano et les violons par Boginski, ne s'occupa aucunement des enfants, qui s'amusèrent à examiner les outils à graver et la manière dont Coz s'en servait, et fut assez agitée pendant une heure que dura l'absence de Croquemitaine. Cette dernière revint portant un gros paquet, qu'elle remit à Mme Bonbeck. Le paquet fut ouvert, examiné.

« Coz, Boginski, venez ici. Tenez, voilà pour vous apprendre à venir dîner chez moi sans chemise », dit Mme Bonbeck en leur jetant à la tête deux paquets dont ils eurent quelque peine à se dépêtrer.

Ils ramassèrent les effets épars sur le parquet, virent avec bonheur que chacun d'eux avait six bonnes chemises, dont trois blanches et trois de couleur. Ils prirent les mains de Mme Bonbeck et les baisèrent à plusieurs reprises, avec affection et respect.

« C'est bien, c'est bien, mes amis, dit Mme Bonbeck avec émotion; et une autre fois, quand vous manquerez du nécessaire, venez me le dire. Je ne laisserai pas dans le besoin des créatures humaines chassées de leur pays par un abominable Néron. »

Boginski et Coz essuyèrent du revers de la main (ils n'avaient pas de mouchoirs) les larmes de reconnaissance qui coulaient malgré eux; Mme Bonbeck se moucha deux ou trois fois, fit une pirouette :

« Allons, allons, s'écria-t-elle avec gaieté, nous voici à même de trouver la chose introuvable, dit-on : la chemise d'un homme heureux. Je veux que dans ma maison toutes les chemises soient des chemises de gens heureux.

— Ce ne sera pas toujours la mienne, dit Simplicie à mi-voix.

— Ni la mienne, ajouta Innocent de même en soupirant.

MADAME BONBECK.

Qu'est-ce que vous marmottez là-bas, vous autres? Pourquoi soupirez-vous? Je veux qu'on rie, moi; je veux que tout le monde soit heureux.

INNOCENT.

Ma tante, je soupire parce que je ne suis pas heureux, et je ne vis pas heureux parce que je vis éloigné de vous dans cette horrible pension où je m'ennuie à mourir.

MADAME BONBECK.

Qu'est-ce que je te disais, mon garçon? tu as voulu faire à ta tête, et voilà. C'est bien, tout de même, ce que tu dis là. Nous arrangerons cela; j'écrirai à mon frère Gargilier; nous te tirerons de ta pension, sois tranquille. Et toi, Simplette, pourquoi fais-tu la moue?

SIMPLICIE.

Je ne sais pas, ma tante.

MADAME BONBECK.

Diable de sotte! On n'a jamais vu une fille plus

impatientante. « Je ne sais pas, ma tante. » Pourquoi ne dis-tu pas comme ton frère ? A la bonne heure, celui-là, il parle et parle très bien. Tiens, j'ai une furieuse démangeaison de te donner une paire de claques. Va-t'en. Vrai, je ne réponds pas de moi ; la main me démange. »

Simplicie ne se le fit pas dire deux fois ; elle s'empressa de se soustraire aux envies fâcheuses de sa tante et courut se jeter sur une chaise dans sa chambre ; elle réfléchit tristement à la vie qu'elle menait à Paris ; pas un plaisir, pas même de repos, et beaucoup de contrariétés, de peines et d'ennuis. Elle commença à reconnaître le vide que lui laissait l'absence de ses parents, de leur protection, de leur tendresse ; leur dévouement lui apparut sous son vrai jour ; elle se trouva ingrate et méchante ; elle sentit combien elle les avait blessés, chagrinés ; elle pensa avec effroi au temps considérable qui lui restait encore à vivre loin d'eux et près d'une tante qu'elle redoutait. Après quelques hésitations elle se décida à écrire à sa mère et à la prier de la laisser revenir à Gargilier.

Mme Bonbeck fut si satisfaite de la flatterie d'Innocent qu'elle le garda jusqu'au lendemain matin. Coz fut chargé de le ramener au collège, où il fut reçu par l'annonce d'une retenue de récréation pour n'être pas rentré la veille. Il eut beau réclamer, le maître d'étude lui répondait toujours : « C'est le règlement ! je n'y puis rien changer ». Il se soumit en pleurant et, de même que Simplicie, réfléchit avec douleur aux douceurs de la vie de famille dont il s'était privé, et aux ennuis pénibles que lui valaient son obstination et son ingratitude. Il réfléchit aux privations quotidiennes qu'il endurait, à l'heure matinale du lever, à la nourriture mauvaise et insuffisante, à la tyrannie des élèves, à la longueur des leçons, aux punitions infligées pour la moindre négligence, et il se repentit amèrement d'avoir forcé son père à l'envoyer dans cette maison d'éducation.

XV

LA POLICE CORRECTIONNELLE

Quelques jours après la visite d'Innocent, Mme Bonbeck sortait de table avec ses Polonais reconnaissants, ayant chacun sur le corps une belle chemise à carrea lilas et bistre, lorsque Croquemitaine entra effarée, présentant d'une main tremblante un papier à sa maîtresse. Mme Bonbeck prit le papier avec empressement, le parcourut, tapa du pied, laissa échapper un juron, et, se tournant vers les Polonais :

« C'est une horreur! C'est une infamie! Mes pauvres amis! on vous traîne en police correctionnelle! on vous accuse d'avoir voulu assassiner Mme Courtemiche et son chien....

— Ha! ha! ha! répondit Boginski en riant; moi savoir ce que c'est; ce n'est rien. Pas de danger. Mme Courtemiche, vieille folle; son chien, méchante bête. Coz et moi avoir jeté chien par la fenêtre, puis Mme Courtemiche avec chien; voilà tout.

MADAME BONBECK.

Comment, voilà tout? Mais c'est énorme! Avec une femme furieuse qui veut plaider, vous serez condamnés à l'amende, à la prison.

BOGINSKI.

Eh bien, pas si mauvais! Amende, pas payer, pas d'argent; prison, pas bien grand malheur : gouvernement nourrit et couche. Pauvres Polonais habitués à mal coucher, mal manger. Pas souvent rencontrer des Bonbeck, si bon, si excellent. »

Boginski termina sa phrase en baisant avec attendrissement les mains ridées de sa bienfaitrice, qui éclata en sanglots.

MADAME BONBECK.

Mon pauvre garçon! hi! hi! hi! je suis désolée! hi! hi! hi! Il faut aller demain au tribunal; le juge d'instruction vous interrogera. Le papier dit que c'est à une heure. Hi! hi! hi! J'irai avec vous, mon ami, je vous protégerai; et le pauvre Coz aussi; car il est également appelé devant le juge d'instruction. »

A peine finissait-elle sa phrase, que Prudence entra éperdue.

« Madame! Madame! quel malheur, mon Dieu! comment faire? Oh! Madame! faut-il que j'aie vécu pour voir une chose pareille! Mes pauvres jeunes maîtres! ils ne peuvent pas aller là-bas; n'est-ce pas, Madame? C'est impossible! Mes pauvres jeunes maîtres!

MADAME BONBECK.

Quoi donc?... Qu'est-il arrivé? Parle donc, parle donc, folle que tu es!... Pourquoi cries-tu?... De quel malheur parles-tu? Vas-tu répondre, oiseau de malheur, si tu ne veux que je te rosse d'importance!

PRUDENCE.

Voilà, Madame! Lisez! Mes jeunes maîtres et moi, appelés devant le juge d'instruction, en police correctionnelle, pour avoir battu et jeté sur la route Mme Courtemiche et Chéri-Mignon.

MADAME BONBECK.

Que diable! il n'y a pas de quoi crier! Nous irons tous; et nous verrons si l'on ose tourmenter mes braves Polonais et vous autres. A demain! A nous deux, la police correctionnelle! Je lui en dirai, ainsi qu'à sa Courtemiche. Et j'emmènerai l'amour des chiens; il débrouillera l'affaire avec le Chéri-Mignon, qui me fait l'effet d'être un vaurien, un animal fort mal élevé.

PRUDENCE.

Pour ça oui, Madame! Mal élevé tout à fait! Grognon, querelleur, méchant, voleur! rien n'y manque. Tout l'opposé de l'Amour.

MADAME BONBECK.

Comment! de l'Amour? Quel Amour?

PRUDENCE.

L'Amour de Madame, celui qui dort sous la table.

MADAME BONBECK.

Ha! ha! ha! Tu veux dire Folo! C'est moi qui

l'appelle l'amour des chiens ; ce n'est pas son nom.

PRUDENCE.

Pardon, Madame, je croyais....

MADAME BONBECK.

C'est bon, c'est bon. Préparons-nous pour le tribunal de demain. Raconte-moi bien en détail ce qui est arrivé.

PRUDENCE.

Une chose bien simple, Madame ; il est arrivé que ce maudit chien a mangé tout mon veau, un superbe morceau que j'avais choisi entre mille.

MADAME BONBECK.

Ceci n'est pas un grand crime, Prude ; certainement, si tu étais chien, tu en ferais autant.

PRUDENCE, *piquée.*

Ça se pourrait bien, Madame ; mais, comme je n'ai pas l'honneur d'être chien, et chien grognon, querelleur, méchant, voleur, je ne puis dire à Madame ce que j'aurais fait si j'avais eu cette chance-là.

MADAME BONBECK.

C'est bon, c'est bon ! Faut pas te fâcher, Prude ; tu pourrais être pis qu'un chien. Mais qu'a-t-il fait encore, cet animal ?

PRUDENCE.

Si Madame trouve que ce n'est pas assez comme ça, j'ajouterai qu'il empestait, qu'il montrait les dents, qu'il était grognon, hargneux.

MADAME BONBECK.

Ce n'est pas encore un grand mal. S'il empestait, c'est que sa maîtresse ne l'avait pas lavé ; s'il montrait les dents, c'est qu'il les avait belles et qu'il croyait vous plaire; s'il était grognon, c'est que vous ne le traitiez pas poliment. Vois-tu, Prude, un chien a son amour-propre tout comme un autre; il ne faut pas le blesser.

PRUDENCE.

Puisque Madame trouve des excuses à toutes les sottises de cet animal, je n'ai plus rien à dire.

MADAME BONBECK.

Boginski, mon ami, racontez-moi ce qui est arrivé; Prude parle comme une crécelle, sans rien dire.

BOGINSKI.

Voilà, Mâme Bonbeck. Chien mauvais; maîtresse méchante, colère; donne claques terribles à M. Nocent; Mme Prude crier. Moi punir Courtemiche et jeter chien sur route. Courtemiche crier, crier; vouloir battre tous, crever œil à tous. Diligence arrêter; camarade et moi, prendre Courtemiche, pousser à la porte; Courtemiche grosse, pas passer, donner coups de pied; moi pousser, camarade pousser, Courtemiche tomber assise sur route, montrer poing, crier, hurler; diligence repartir vite et rouler; nous rire, faire cornes à Courtemiche. Voilà.

MADAME BONBECK.

Hem! hem! la Courtemiche va vous faire payer une voiture et sa route jusqu'à Paris.

BOGINSKI.

Moi pas payer : moi et camarade pas d'argent

MADAME BONBECK.

Ce n'est pas une raison, mon ami; avec une Courtemiche, il faut faire de l'argent.

BOGINSKI.

Moi veux bien; mais comment?

MADAME BONBECK.

Nous verrons cela demain. Soyez tranquilles, mes amis, je ne vous laisserai pas pourrir en prison. »

Les Polonais, suivant le conseil de Mme Bonbeck, restèrent fort tranquilles; Prudence continua à se désoler, à s'inquiéter pour ses jeunes maîtres; Mme Bonbeck prit son violon; les Polonais profitèrent d'une sonate qu'elle s'acharnait à écorcher, en mesure ou hors de mesure, pour s'échapper et faire une promenade dans les rues. Simplicie resta dans sa chambre, s'ennuyant, bâillant, pleurnichant et... regrettant Gargilier.

Le lendemain, Mme Bonbeck, escortée des Polonais, de Prudence et de Simplicie, et tenant Folo en laisse, partit pour le Palais, où se tenait la police correctionnelle; ils attendirent longtemps : on jugeait d'autres causes. Enfin on les introduisit dans la salle; leur entrée causa quelque surprise, vu l'étrangeté des figures. Mme Courtemiche et Chéri-Mignon occupent le banc des plaignants. Mme Bonbeck et sa suite s'assoient sur le banc des prévenus.

Le président du tribunal va parler; un grognement, puis un aboiement se font entendre. C'est Chéri-Mignon qui récuse le témoin Folo.

Un grognement, puis un aboiement se font entendre.

L'HUISSIER.

Silence, Messieurs ! »

Chéri-Mignon aboie avec fureur.

LE PRÉSIDENT, *riant*.

Huissier, faites taire le plaignant. »

Tout le monde rit ; Mme Courtemiche cherche à apaiser Chéri-Mignon.

LE PRÉSIDENT.

Mme Courtemiche et le nommé Chéri-Mignon, par l'organe de sa maîtresse, accusent de voies de fait et d'injures graves les nommés Prudence Crépinet, Innocent et Simplicie Gargilier, plus deux Polonais faisant partie de leur suite. Madame Courtemiche, qu'avez-vous à reprocher aux prévenus ?

« Je leur reproche tout. »

MADAME COURTEMICHE.

Mon président, je leur reproche tout : cruauté, méchanceté, injustice, assassinat.

LE PRÉSIDENT.

Précisez votre accusation.

MADAME COURTEMICHE.

Mon président, je précise en les accusant de tout ce qu'on peut reprocher à des êtres à face humaine, mais qui sont plus brutes que les brutes.

LE PRÉSIDENT.

Ne dites pas d'injures, et expliquez-vous plus clairement.

MADAME COURTEMICHE.

Ce que je dis est pourtant assez clair, mon président. Ce sont des gens à périr sur l'échafaud.

LE PRÉSIDENT.

Si vous continuez à ne vouloir rien dire de positif, on va passer à une autre cause et renvoyer les prévenus de la plainte.

MADAME COURTEMICHE.

Renvoyez, mon président, renvoyez en prison, à Mazas, à Vincennes, ça m'est égal, pourvu qu'ils y restent. Pas vrai, Chéri-Mignon, tu veux bien qu'on les laisse en prison? »

Chéri-Mignon répondit par un aboiement formidable, auquel Folo répliqua par un grognement sourd. Chéri-Mignon, s'élançant des bras de sa maîtresse, sauta aux oreilles de Folo, qui le reçut avec un coup de dent. Chéri-Mignon, exaspéré par cette défense inattendue, se jeta de nouveau sur Folo et lui fit au cou une morsure assez profonde.

« Pille, Folo! » lui cria Mme Bonbeck, irritée de l'acharnement du caniche.

« Pille. Foic! » cria Mme Bonbeck.

Folo ne se le fit pas dire deux fois; plus gros et plus fort que Chéri-Mignon, il le roula par terre et le couvrit de morsures sans lui donner le temps de se relever.

Mme Courtemiche criait; Mme Bonbeck applaudissait; les juges riaient; les spectateurs regardaient et s'amusaient; les Polonais battaient des mains. Les cris des chiens, ceux de Mme Courtemiche, les applaudissements de Mme Bonbeck et des Polonais, empêchaient la voix du président de se faire entendre; enfin, les huissiers saisirent les chiens et remirent à Mme Courtemiche son favori, mordu et éreinté; Folo alla recevoir les caresses de sa maîtresse et les félicitations de la foule.

LE PRÉSIDENT.

Cette scène est inconvenante. Madame Courtemiche, pour la dernière fois, expliquez-vous ou quittez l'audience.

MADAME COURTEMICHE.

Que je m'explique! Que je m'explique devant une Cour qui laisse insulter, dévorer mon Chéri-Mignon, mon ami, mon enfant! Plus souvent que je m'expliquerai devant des sans-cœur et des sans-cervelle....

LE PRÉSIDENT.

Madame Courtemiche, vous injuriez le tribunal. Je vous engage à vous taire.

MADAME COURTEMICHE.

Ah. vous voulez me faire taire! Je veux parler, moi; je veux qu'on sache comment le gouvernement rend la justice; que c'est une honte, une humiliation pour le pays que je représente, d'être traitée comme je le suis par un tas de gens....

LE PRÉSIDENT.

Huissier, faites sortir la plaignante : elle abuse de la patience du tribunal.

MADAME COURTEMICHE.

Je ne veux pas sortir, moi; laissez-moi; ne me touchez pas; je veux leur dire.... Aïe! aïe! Ne me tirez pas.... Je veux leur dire qu'ils sont un tas.... Aïe! aïe! au secours! à l'assassin! Ne me poussez pas! Aïe!... »

Le reste se perdit dans les couloirs du Palais; les huissiers avaient appelé main-forte et avaient réussi à faire sortir Mme Courtemiche et son chien. Mme Bonbeck, restée triomphante, s'approcha du président, à la grande surprise de tous les assistants, et, lui donnant une poignée de main :

« Bien jugé, président! Vous êtes un brave homme, saperlote! Folo s'est sagement et bravement comporté; l'autre est un lâche, un chien sans cœur et sans éducation. Bonsoir, président; je vous salue, Messieurs, et je vous présente deux braves Polonais....

BOGINSKI.

Moi et camarade, tuer beaucoup de Russes; à Ostrolenka, tuer beaucoup. Moi prier président faire donner pension plus grande; Mme Bonbeck bonne, très bonne, mais pas riche; moi....

— Emmenez ces gens, dit le président à l'huissier; les prévenus sont aussi fous que la plai-

Celle-ci était partie comme une flèche. (Page 221.)

gnante. C'est la cause la plus ridicule que j'aie jamais eu à juger. »

L'huissier engagea Mme Bonbeck et les Polonais à sortir; les Polonais saluèrent humblement; Mme Bonbeck regimba et voulut résister. L'huissier essaya de lui prendre le bras.

« Ne me touchez pas, sapristi! Si vous mettez la main sur moi, je vous fais dévorer par mon chien. Ici, Folo, partons, mon ami; la justice, c'est toujours la même chose; nous la rendrions mieux nous deux. »

Avant que le président se fût décidé à relever la dernière phrase injurieuse de Mme Bonbeck, celle-ci était partie comme une flèche, suivie des Polonais, de Prudence et de Simplicie, ces deux dernières effrayées et troublées.

« Eh bien, mes amis, nous nous sommes joliment tirés d'affaire; bravo, mon Folo! toi, tu as rendu la justice, au moins. Ha! ha! ha! comme tu y allais, l'amour des chiens! A-t-on jamais vu un mauvais caniche, un chien de rien du tout, montrer les dents à mon beau et brave Folo, et sauter dessus, encore! Aussi a-t-il eu son affaire, ce vaurien, cet animal digne de sa maîtresse. C'est à rire, parole d'honneur! »

Ils rentrèrent chez eux tout satisfaits de l'heureuse issue de cette affaire, qui aurait pu être fâcheuse pour les Polonais si elle avait été plaidée par une personne moins sotte que Mme Courtemiche. Mme Bonbeck régala Folo d'un poulet maigre pour le récompenser de sa belle conduite.

Prudence et Simplicie ne disaient rien, mais elles ne purent jamais comprendre comment et pourquoi Mme Bonbeck était si fière de Folo, et de quoi elle avait remercié le président, pourquoi elle lui avait dit des injures en se retirant, et par quelle action d'éclat Folo avait mérité un poulet. Les Polonais se couchèrent satisfaits sans savoir de quoi, et s'éveillèrent le lendemain en espérant, sans savoir pourquoi, une augmentation à leur paye de un franc cinquante centimes par jour.

XVI

UNE SOIRÉE CHEZ DES AMIES

Quelques jours après la scène de police correctionnelle, Mme Bonbeck dit à Simplicie de s'habiller pour aller passer la soirée chez Mme de Roubier. Simplicie, qui n'avait pas encore mis ses belles robes, courut appeler Prudence.

« Vite, Prudence, que je m'habille.

PRUDENCE.

Quelle robe Mademoiselle va-t-elle mettre?

SIMPLICIE.

Ma plus belle, en taffetas à carreaux.

PRUDENCE.

Et comment Mademoiselle se coiffera-t-elle?

SIMPLICIE.

Ah! mon Dieu! je n'ai pas pensé à la coiffure. Je n'en ai pas.

PRUDENCE.

Heureusement que Mademoiselle a de beaux cheveux, bien pommadés, bien gras; je les lisserai et je ferai une natte.

SIMPLICIE.

Ce ne sera pas assez beau. Va vite dire à Coz d'aller m'acheter une couronne de fleurs.

PRUDENCE.

Oui, Mam'selle. »

Prudence courut chercher Coz, qui courut à son tour faire l'emplette demandée par Simplicie. Un quart d'heure après, Coz rentra tout essoufflé, apportant une magnifique couronne de pivoines rouges.

SIMPLICIE.

Qu'est-ce que ces énormes fleurs? C'est beaucoup trop gros, trop grand.

PRUDENCE.

Le marchand a dit à Coz qu'on les portait comme ça, que c'était la grande mode.

SIMPLICIE.

Vraiment? Alors je les garde; attache cette couronne sur ma tête, Prudence.

PRUDENCE.

Oui, Mam'selle; je vais vous arranger cela sur votre natte; ce sera magnifique. »

Prudence, ne sachant pas employer les épingles à cheveux, se mit à coudre la couronne sur la natte de Simplicie, que le désir d'être belle tenait immobile sur sa chaise. Quand Prudence eut fini son travail, elle regarda Simplicie avec admiration.

« Oh! Mam'selle, que c'est joli! que c'est beau! Si Mam'selle voulait voir dans la glace? Ces pivoines sont presque aussi grosses que la tête de Made-

« Oh! Mam'zelle, que c'est joli! »

moiselle! Et rouges, presque comme les joues de Mademoiselle. »

Simplicie se leva, se regarda avec complaisance, admira le tour de fleurs qui surmontait sa tête déjà trop grosse, et acheva de s'habiller.

SIMPLICIE.

Et toi, Prudence, va changer de robe pour me faire honneur.

PRUDENCE.

Mais je n'entre pas au salon avec Mademoiselle ; pour rester à l'antichambre, ma robe d'indienne est bien assez belle.

SIMPLICIE.

Pas du tout ; les domestiques se moqueraient de toi, et c'est sur moi que cela retomberait ; on dirait que j'ai une servante de quatre sous à mon service. Je ne veux pas recommencer les humiliations de l'autre jour. »

La pauvre Prudence, un peu mortifiée et chagrine, mais toujours dévouée à ses maîtres, quitta la chambre sans mot dire et revint, au bout de dix minutes, parée comme une châsse. Un grand bonnet breton, une croix à la Jeannette, un châle en foulard de coton, plissé à la bretonne, une robe de laine rayée rouge, un tablier en laine noire, des souliers à boucles, des bas à côtes formaient un ensemble breton pur sang. Simplicie l'examina des pieds à la tête, et fut contente ; son amour-propre était satisfait.

« C'est bien, dit-elle ; dis à Coz d'aller chercher une voiture. »

Peu d'instants après, Simplicie roulait avec Prudence et Coz vers le faubourg Saint-Germain; cette fois, aucune discussion ne s'éleva entre Coz et le cocher. Simplicie entra au salon, laissant Prudence et Coz à l'antichambre. Claire laissa échapper un : « Ah! » involontaire à l'apparition de cette toilette singulière. L'exclamation de Claire fit retourner une douzaine de cousines et d'amies qui étaient réunies dans le salon, et chacune répéta le « Ah! » de Claire; un sourire général succéda à ce premier moment de surprise. Simplicie avança pour dire bonjour à ces demoiselles; elle se mit en devoir d'adresser une révérence à chacune d'elles. A la cinquième, Sophie s'écria :

« Assez, assez, Simplicie; nous ne sommes pas en cérémonie comme à une présentation; Claire, mène-la dire bonjour à maman. »

Claire, étouffant un sourire, emmena Simplicie dans le salon à côté.

« Maman, dit-elle....

— Que veux-tu, Claire? dit Mme de Roubier sans se retourner.

CLAIRE.

Maman, voici Simplicie Gargilier qui vient vous dire bonjour.

MADAME DE ROUBIER.

Bonjour, Mademoiselle. Vous ve.... Ah! mon Dieu! quelle plaisanterie! Claire, pourquoi as-tu déguisé si ridiculement cette pauvre fille?

CLAIRE.

Ce n'est pas moi, maman; elle vient d'arriver.

Elle adressa une révérence à chacune d'elles.

MADAME DE ROUBIER.

Ha! ha! ha! Mais regardez donc cette toilette! Quelle idée bizarre! Ma pauvre Simplicie, à Paris il n'est pas d'usage de se déguiser autrement qu'aux jours gras, et nous en sommes encore loin. Otez tout cela, et gardez les vêtements que vous avez sous cette robe de grand'mère qui ne vous va pas du tout.

SIMPLICIE.

Mais, Madame....

MADAME DE ROUBIER.

Claire, explique-lui que c'est ridicule.

CLAIRE, *riant*.

Mais, maman....

MADAME DE ROUBIER.

Allez donc, Simplicie, vous voyez bien que tout le monde rit de votre déguisement. »

Simplicie rougit et parut agitée; elle venait de comprendre le ridicule de sa mise.

MADAME DE ROUBIER.

Eh bien, qu'avez-vous, ma pauvre enfant? Êtes-vous souffrante? »

Simplicie ne répondit pas; elle quitta le salon et rentra dans celui où étaient les enfants; elle les trouva riant tous aux éclats; le rire gagna Claire, malgré ses efforts pour garder son sérieux; Marguerite et Sophie chuchotaient et riaient à se tordre. Simplicie, honteuse, désolée, restait debout, tête baissée, plus ridicule encore par le contraste de ses pivoines énormes et de sa robe arc-en-ciel, avec sa mine piteuse et ses yeux larmoyants.

CLAIRE.

On s'est moqué de vous, pauvre Simplicie, en vous habillant et vous coiffant ainsi; laissez-moi vous ôter ces fleurs horribles; vous serez déjà moins drôle.

MADELEINE.

Nous allons toutes vous aider. Asseyez-vous sur ce tabouret; ce ne sera pas long. »

Simplicie s'assoit; les enfants se groupent autour d'elle; Sophie tire une pivoine.

SIMPLICIE.

Aïe! vous m'arrachez les cheveux.

SOPHIE.

J'ai à peine tiré; je n'ai touché qu'une pivoine, une belle, par exemple. »

Marguerite et Valentine viennent en aide; elles tirent; Simplicie crie.

MARGUERITE.

Qu'y a-t-il donc à ces pivoines? On ne peut pas les détacher des cheveux!

— C'est cousu! s'écria Sophie.

— Cousu! répétèrent les enfants en se poussant pour voir.

SOPHIE.

Cousu, cousu; tiens, regarde. Des ciseaux, vite des ciseaux! »

Chacune apporta des ciseaux, et une douzaine de mains se disputèrent la tête de Simplicie pour couper les fils qui retenaient les pivoines.

Les ciseaux se pressaient, se poussaient, taillaient, et firent si bien que, peu d'instants après, la couronne de pivoines put être enlevée; mais, hélas! avec un accompagnement formidable de cheveux.

Claire poussa un cri. Simplicie leva la tête et vit les pivoines avec une frange de ses cheveux.

SIMPLICIE.

Mes cheveux! mes pauvres cheveux! »

Et, se levant avec précipitation, elle courut à une glace, où un spectacle déplorable s'offrit à ses regards; sa tête ressemblait à une tête de loup : ses cheveux, coupés en brosse, se dressaient de tous côtés; partout des mèches tombantes, des bouts de nattes. Elle restait immobile et consternée. Se retournant enfin avec colère :

« Vous êtes des méchantes, Mesdemoiselles; c'est exprès que vous m'avez rendue affreuse et ridicule.

MARGUERITE.

Affreuse, vous ne l'êtes pas plus qu'avant, Mademoiselle; et ridicule, vous l'êtes moins que vous ne l'étiez.

SIMPLICIE.

C'est par jalousie que vous avez abîmé mes fleurs et mes cheveux.

VALENTINE.

C'est par charité, pour qu'on ne se moque pas de vous toute la soirée.

SIMPLICIE.

Il n'y a que chez vous où l'on se moque de moi : à Gargilier et chez ma tante, personne ne s'en moque.

SOPHIE.

Et pourquoi venez-vous alors? Croyez-vous que nous ayons besoin de vous pour nous amuser? Est-ce nous qui avons été vous chercher?

SIMPLICIE.

Pourquoi m'avez-vous invitée?

MARGUERITE.

C'est Claire, toujours bonne, qui l'a fait pour vous consoler de votre aventure de l'autre jour.

CLAIRE.

Écoutez, Simplicie, je vous assure que nous sommes très fâchées de notre maladresse; laissez-nous vous recoiffer; avec quelques coups de peigne, il n'y paraîtra pas.

SIMPLICIE.

Non, je ne veux pas que vous me touchiez; vous m'arracheriez le reste de mes cheveux. Je veux ma bonne; elle me recoiffera.

CLAIRE.

Où est votre bonne?

SIMPLICIE.

Dans l'antichambre.... Prudence! Prudence! viens me recoiffer. »

Claire alla ouvrir la porte et appela Prudence, qui s'empressa de se rendre à l'appel de sa jeune maîtresse. Elle poussa un cri d'effroi en voyant la tête hérissée de Simplicie, dépouillée de ses belles pivoines.

SIMPLICIE.

Arrange-moi, Prudence; recoiffe-moi; vois ce qu'elles ont fait par jalousie de mes pivoines.

PRUDENCE.

« Pas possible, Mam'selle! Par jalousie! De si gentilles demoiselles! Pas possible!

SIMPLICIE.

Regarde mes cheveux; vois comme elles les ont coupés!

—Oh! Mesdemoiselles! c'est-y possible! Cette pauvre Mam'selle Simplicie! Je n'aurais jamais cru....

CLAIRE.

Vous avez raison de ne pas croire que ce soit par jalousie que nous avons coupé si maladroitement les cheveux de votre pauvre Simplicie; nous avons été très maladroites en voulant la débarrasser de sa couronne de pivoines, qui était ridicule.

PRUDENCE.

Mam'selle trouve! C'était pourtant bien joli; je les avais cousues bien solidement, et ça faisait bon effet sur la tête de Mam'selle. »

Tout en parlant, Prudence défaisait les nattes de sa jeune maîtresse; on lui avait apporté un peigne et une brosse. Quand tout fut défait, il n'en resta pas le quart sur la tête de Simplicie; presque tout était coupé. Simplicie pleurait, Prudence se désolait, les enfants étaient consternés, quoique Simplicie n'inspirât pas beaucoup de compassion.

« Que faire? s'écria enfin Claire. Comment la coiffer? Je vais demander à maman de venir voir. »

Claire courut raconter à sa mère ce qui était arrivé. Mme de Roubier ne fut pas fâchée de cette leçon donnée à la vanité de Simplicie; elle alla juger par elle-même, avec ses sœurs et ses amies, de l'étendue du dégât ; elle sourit de la figure étrange de Simplicie, et jugea qu'un coiffeur seul pouvait trouver un remède à l'ouvrage de ces demoiselles. Elle sonna, dit à un domestique d'aller chercher le coiffeur du coin, et consola Simplicie en lui disant qu'elle la ferait coiffer à le

On eut de la peine à réveiller le pauvre Coz. (Page 237.)

Caracalla, avec les cheveux courts et frisés partout. Le coiffeur arriva, sourit, coupa les mèches restantes, retailla les cheveux mal coupés, mit les fers au feu, roula et frisa tout, et Simplicie sortit de là frisée comme un bichon ; elle se regarda dans la glace, se trouva bien et reprit sa bonne humeur. La soirée se passa à plaisanter sans méchanceté de la mésaventure de Simplicie ; quelques pointes lancées par Marguerite et par Sophie piquèrent légèrement Simplicie, mais elle ne les comprit pas toutes, et elle s'amusa beaucoup; des gâteaux, du thé, des sirops terminèrent la soirée. Quand Simplicie prit congé de Mme de Roubier, celle-ci lui dit :

« Ma chère enfant, si vous revenez voir mes filles et leurs amies, soyez habillée simplement, comme le sont mes filles; le moyen de plaire n'est pas de se faire des toilettes ridicules, mais de se mettre simplement, de ne pas attirer sur soi l'attention des autres, mais de s'oublier soi-même, et ne pas chercher à être mieux que les autres. Je suis fâchée que vos cheveux soient au panier au lieu d'être restés sur votre tête; mais la faute en est à votre mauvais goût et à votre vanité. »

Simplicie rougit, ne dit rien, mais se révolta dans son cœur contre le bon conseil de Mme de Roubier. Coz dormait profondément sur une

Il courut chercher un fiacre.

banquette de l'antichambre, pendant que Prudence sommeillait sur une chaise. On eut de la peine à réveiller le pauvre Coz; il courut chercher un fiacre et ramena, sans autre aventure, Prudence et Simplicie au domicile de Mme Bonbeck. Simplicie était loin de s'attendre à l'orage qui avait grondé en son absence et qui devait éclater au retour sur sa tête frisée à la Caracalla.

XVII

COLÈRE DE MADAME BONBECK

Pendant que Simplicie se rendait chez Mme de Roubier, Mme Bonbeck attendait au salon que Boginski eût revêtu les beaux habits qu'elle lui avait fait faire : elle-même avait fait une toilette soignée ; ses cheveux gris étaient ornés d'un bonnet de gaze et de fleurs, sa robe était en soie brochée vert émeraude ; ses mains ridées étaient cachées par des gants blancs en peau de daim, et ses pieds étaient chaussés de bas chinés et de souliers de peau, plus fins que ceux qu'elle mettait habituellement. Boginski entra, bien peigné, bien cravaté, bien habillé.

« C'est bien, mon ami, lui dit-elle après l'avoir inspecté ; vous êtes très bien comme cela. Allez voir si Simplicie est prête et envoyez Coz chercher un fiacre. »

Boginski revint la mine effarée.

« Mâme Bonbeck, Mam'selle partie, Coz parti; personne chez eux.

MADAME BONBECK.

Partis! Comment, partis! Où partis?

BOGINSKI.

Moi pas savoir, Mâme Bonbeck. Trouvé personne; chambre vide.

MADAME BONBECK, *impatientée*.

Mon ami, je vous ai déjà dit de ne pas toujours répéter BONBECK. Cela m'agace; je n'aime pas cela.... Allez me chercher Prudence. Je vais lui laver la tête d'importance. A-t-on jamais vu une sotte pareille, qui laisse courir cette péronnelle avec ce Polonais roux! »

Boginski avait disparu aussitôt après avoir reçu l'ordre de chercher Prudence; il rentra comme elle finissait de parler.

BOGINSKI.

Madame, Prudence partie, personne! chambre vide!

MADAME BONBECK.

Elle aussi. C'est trop fort! la misérable! Je lui donnerai une danse qui lui fera garder la chambre à l'avenir! Ah! elles croient qu'on peut se moquer de moi et me planter là comme une vieille guenille! Elles croient qu'elles iront en soirée et que je resterai à garder la maison!... Et qu'allons-nous faire à présent, mon ami? Où aller pour nous amuser?... Mais parlez donc. Où voulez-vous que j'aille?

BOGINSKI.

Moi peux mener Mâme B.... (Boginski s'arrête à

temps) au café Musard. Très joli ! Dames superbes ! Musique bonne ! Seulement....

MADAME BONBECK.

Seulement quoi ?... Parlez donc, diable d'homme !

BOGINSKI.

Seulement, moi pas d'argent pour payer entrée.

MADAME BONBECK.

Je payerai, imbécile ! Donne-moi le bras et viens. »

Mme Bonbeck, écumant de colère, saisit le bras de Boginski terrifié, descendit l'escalier quatre à quatre, traversa les rues, longea les trottoirs en renversant tout sur son passage, et finit par se heurter contre un homme qui avait un cigare entre les dents.

« Doucement, la belle », dit l'homme en étendant les bras et lui barrant le passage.

Mme Bonbeck le repoussa et voulut passer. L'homme, qui était un peu pris de vin et qui, dans l'obscurité, croyait reconnaître sa sœur qu'il attendait, voulut l'attirer sous le réverbère pour se montrer à elle.

« Lâchez-moi ! » cria Mme Bonbeck.

L'homme lui prit les mains. Mme Bonbeck les retira avec violence, saisit le cigare de l'homme, l'arracha d'entre ses dents, et le jeta dans le ruisseau en s'écriant :

« Gredin ! »

Le réverbère éclairait en ce moment le visage furibond et la personne étrange de Mme Bonbeck.

L'homme se recula épouvanté en criant :

« Le diable ! »

A ce cri, la foule ne tarda pas à s'amasser ; Boginski, embarrassé de l'attitude de sa compagne, la supplia de s'en aller.

« Non, mon ami, je n'ai jamais fui le danger ! Qu'ils osent me toucher, et ils verront ce que peut faire une femme, une vieille femme, contre un tas de lâches et de gredins ! »

Mme Bonbeck s'était reculée d'un pas sur le trottoir et s'était mise en position de boxe ; la foule riait et grossissait ; l'homme s'était esquivé, sentant le ridicule d'une bataille avec une vieille femme.

« Personne ? dit-elle en respirant avec force. Personne n'ose m'attaquer ?... C'est bien, mes amis, vous êtes de braves gens. Laissez-moi passer.... Merci, mes amis ; vous êtes de bons enfants. »

Et Mme Bonbeck s'éloigna avec Boginski, dont elle avait pris le bras, laissant la foule ébahie et grandement amusée des allures et du langage de *la vieille*.

« Rentrons à la maison, mon garçon, dit Mme Bonbeck ; cette scène m'a émue ; je ne suis pas en train de m'amuser ; et puis, je veux être là quand cette sotte de Simplicie reviendra avec Prude et Coz ; ils auront chacun leur paquet.

— Bonne Mâme, dit Boginski de son air le plus câlin, pas gronder fort pauvre Coz ; lui pas faute : lui faire comme dit Mam'selle et Mme Prude ; lui pas savoir faut pas sortir. Lui aimer bonne Mâme ;

Elle s'était mise en position de boxe.

lui triste, triste, si Mâme gronder; lui souffrir, pauvre Coz.

— Bien, bien, mon ami, répondit Mme Bonbeck d'une voix attendrie; vous êtes un brave garçon, un bon ami; je ne gronderai pas votre ami; je lui dirai seulement de me demander la permission quand ces sottes filles veulent sortir.

— Et vous pas dire trop fort à pauvre ami, bonne Mâme? reprit Boginski en la regardant avec inquiétude.

— Non, mon ami, non. Quand je te le dis, que diable! tu peux me croire », dit Mme Bonbeck avec un commencement d'irritation.

Boginski jugea prudent de se taire; il se borna à serrer la main de sa vieille amie en

Elle marchait à grands pas.

signe de reconnaissance, et ils continuèrent leur route silencieusement. Mme Bonbeck marchait rapidement; elle rentra, dit à Boginski d'aller se coucher et resta seule à attendre Simplicie et Prudence.

Elle marchait à grands pas dans le salon, augmentant sa colère par l'attente; son irritation était au comble quand elle entendit la porte s'ouvrir; elle marcha à la rencontre de Simplicie et de Prudence.

Pan! pan! Aïe! aïe! Deux soufflets et deux cris furent le signal du retour. Puis une rude poussée à Prudence stupéfaite, qui alla tomber sur une chaise de l'antichambre.

« Insolentes! je vous apprendrai à me jouer des tours, à courir la prétentaine, à me laisser droguer à la maison, à débaucher mes Polonais, à prendre des voitures! Ah! vous voulez faire les maîtresses! Vous croyez pouvoir vous moquer de moi! »

Et Mme Bonbeck, au plus fort de sa colère, saisit les cheveux frisés de Simplicie, lui donna une nouvelle paire de soufflets, la lança hors de la chambre, revint sur Prudence tremblante et immobile, lui secoua le bras, lui arracha son bonnet, et, d'un coup de pied, l'envoya rejoindre Simplicie. Toutes deux criaient à ameuter la maison; Boginski redoutant pour son ami Coz, qui voulait aller au secours des victimes, la colère de Mme Bonbeck, le retenait violemment sur le palier de l'escalier. Coz parvint enfin à se dégager de l'étreinte de son camarade et entra dans le salon où il trouva Mme Bonbeck écumant de colère, les yeux étincelants, les lèvres tremblantes, le visage affreusement contracté, les poings crispés, haletant et suffoquant.

« Oh! Mâme Bonbeck!

— Tais-toi! hurla-t-elle.

— Pourquoi vous battre pauvre Mam'selle et bonne Mme Prudence?

— Tais-toi! répéta-t-elle.

— Non! moi pas taire. Vous bonne pour moi, pour Boginski; pourquoi vous méchante pour pauvre petite et pour pauvre bonne? Pourquoi vous battre, vous forte, vous tante, vous Madame, pauvre enfant et pauvre bonne qui fait rien mal? Pauvre

Mme Prude aimer sa Mam'selle, suivre partout, et vous battre, punir comme si Mme Prude méchante! Pas bien, Mâme Bonbeck, pas bien. Moi battez, si faire plaisir, moi homme, moi fort; mais enfant, femme, petite, faible, c'est pas bien! Oh! pas bien du tout. »

A mesure que Coz parlait, la colère de Mme Bonbeck tombait; elle finit par être honteuse de sa violence, s'attendrit, prit les mains de Coz :

« Vous avez raison, mon ami, vous avez raison; j'ai eu

Pan! pan! Aïe! aïe! (Page 245.)

tort! j'ai agi comme une bête brute.... J'étais en colère contre vous aussi, mon pauvre Coz.

COZ.

Moi? Moi rien fait pour fâcher! Pourquoi colère sur Coz?

MADAME BONBECK.

Parce que vous étiez parti avec Simplette et Prude sans me le demander, et que j'attendais pour aller avec Simplette et Boginski chez Mme de Roubier.

COZ.

Ah! bon! Moi comprendre! Mais moi pas savoir! Eux croire aller seules, sans tante ni Boginski. Moi, autrefois, demander permission à vous.

MADAME BONBECK.

C'est bien, mon ami. Mais voyez donc Prude et Simplette; amenez-les-moi, que je leur dise..., que je leur explique..., que je leur demande pardon, puisque j'ai eu tort. »

Coz, content du changement d'humeur de Mme Bonbeck, courut frapper à la porte de Prudence et de Simplicie; personne ne répondit. Il frappa encore; même silence.

« Mam'selle! Madame Prude! Mâme Bonbeck vous demander; venir au salon tout de suite. »

Le silence continua. Coz frappa plus fort, appela, supplia d'ouvrir; on continua à ne pas répondre.

« Mam'selle et Mme Prude pas répondre, vint dire Coz, consterné, à Mme Bonbeck, dont il redoutait la colère.

— Elles sont furieuses, dit Mme Bonbeck, jugeant les autres d'après elle-même. Demain elles seront calmées et je leur demanderai pardon, car je dois avouer que je les ai menées un peu rudement. Bonsoir, mon ami ; il est près de onze heures ; allez vous coucher ; je vais en faire autant. »

Coz salua, sortit et alla rejoindre son ami Boginski, qui attendait avec inquiétude le résultat des reproches hardis de son ami. Quand il sut le retour de Mme Bonbeck et le succès évident de Coz, il fut content et dit, en se frottant les mains :

« Bon ça ! Mâme Bonbeck colère, furieuse, mais pas méchant. Mais dis pas trop : « C'est mal ; c'est « pas bon ». Pas fâcher Mâme Bonbeck ; elle bonne pour nous, donner chambre, donner chemises, habits, donner pain, viande, vin. Nous pauvres ; nous heureux chez Bonbeck ; nous rester toujours ; nous égal les autres. Entends-tu, Coz ! Toi pas recommencer à dire : « Méchant, pas bon. »

COZ.

Moi recommencer toujours quand Bonbeck battre fille petite, femme excellent. Moi pas aimer lâche, pas aimer colère.

BOGINSKI.

Et si Bonbeck se fâche et chasse nous ?

COZ.

Moi alors partir et aller chez Prude et Simplette ; elle a papa, maman, bons ; moi là-bas travailler, servir ; moi pas aimer à faire musique ; moi aimer courir, travailler à terre, à chose qui fait remuer.

BOGINSKI.

Moi aimer musique et dîner chez Bonbeck ; avec moi, Bonbeck très bon. Toi partir si veux, moi rester. »

Coz ne répondit pas, se déshabilla et se coucha; Boginski en fit autant, et tous deux ne tardèrent pas à ronfler.

XVIII

LA FUITE

Le lendemain de bonne heure, Coz fut éveillé par trois légers coups frappés à sa porte. Il se leva, passa ses habits, entr'ouvrit la porte et vit avec surprise Prudence qui lui faisait signe de la suivre.

Il voulut parler, elle lui fit signe de garder le silence. Surpris de ce mystère, Coz la suivit sans bruit jusque dans la chambre où était Simplicie tout habillée, défigurée par les soufflets que lui avait donnés sa tante, et surtout par les larmes qu'elle n'avait cessé de répandre depuis la veille. Prudence, pâle et défaite, avait passé la nuit à la plaindre, à la consoler; elle avait enfin consenti à quitter avec Simplicie la maison détestée de la tante Bonbeck et à chercher un refuge chez Mme de Roubier, en qualité de voisine de campagne. Il leur fallait l'aide de Coz pour descendre leur malle, avoir une voiture et les mener chez Mme de Roubier. Prudence avait fait la malle pendant la nuit, car Simplicie, terrifiée par la violence de sa tante, ne voulait pas la revoir, et il fallait être parties avant huit heures pour l'éviter à son réveil.

« Mon bon Coz, dit Prudence à voix basse, vous voyez l'état dans lequel Mme Bonbeck a mis ma pauvre jeune maîtresse; elle veut s'en aller, je veux l'emmener; il faut que vous nous aidiez. Allez nous chercher une voiture, descendez-nous notre malle et venez avec nous chez Mme de Roubier. J'ai peur qu'on ne veuille pas nous y garder; alors que deviendrions-nous dans ce maudit Paris, seules, abandonnées? Ayez pitié de nous, mon bon Coz, aidez-nous à partir d'ici et ne nous abandonnez pas.

— Pauvre Madame Prude! pauvre Mam'selle! répondit Coz attendri. Moi tout faire, aider à tout, moi aller partout, vous mettre bien. Ordonnez à pauvre Coz; moi pas mauvais comme Bonbeck, faire tout pour servir, pas abandonner bonne Madame Prude et pauvre Mam'selle.

— Merci, mon bon Coz! c'est le bon Dieu qui vous a envoyé à nous. Allez vite, mon ami, chercher une voiture. »

Coz partit comme une flèche; avant de chercher la voiture, il fit à la hâte un bout de toilette, un petit paquet de ses effets, courut arrêter un fiacre et revint sans bruit prévenir Prudence que la voiture attendait à la porte.

« Emportons la malle à nous deux, dit Prudence.

Elle lui fit signe de garder le silence. (Page 251.)

— Moi porter seul, Madame Prude ; malle lourd pour vous, léger pour moi. »

Et, chargeant la malle sur ses robustes épaules, il descendit lestement les cinq étages de Mme Bonbeck, suivi par Prudence et Simplicie. La peur d'être aperçues et arrêtées par Mme Bonbeck leur donnait des ailes ; leur terreur ne se dissipa que lorsqu'elles furent établies dans le fiacre Coz sur le siège, la malle sur l'impériale.

Quand ils arrivèrent chez Mme de Roubier, il était huit heures. Le concierge, surpris de les voir de si bon matin, plus surpris encore de les voir décharger une malle et renvoyer la voiture, et reconnaissant le Polonais roux qui avait eu une scène violente avec un cocher quinze jours auparavant, hésitait à les recevoir.

« Mme de Roubier ne reçoit pas si matin, Madame et Mademoiselle. Ayez la bonté de revenir plus tard et de me débarrasser de cette malle dont je ne sais que faire.

PRUDENCE.

Et où voulez-vous que nous allions ? Où puis-je loger en sûreté ma jeune maîtresse, si Mme de Roubier ne la reçoit pas ?

LE CONCIERGE.

Mais, Madame, cela ne me regarde pas ; je suis chargé de garder la porte, de ne pas laisser entrer avant l'heure convenable ; je ne peux pas faire de la cour un dépôt de malles et d'effets.

PRUDENCE.

Mon Dieu ! mon Dieu ! Ma pauvre petite maîtresse !

Moi, cela m'est bien égal, mais pour elle, pauvre enfant, je vous supplie de nous laisser entrer ou attendre chez vous les ordres de Mme de Roubier, qui connaît bien Mademoiselle et ses parents, puisque notre demeure est à une lieue de son château. »

Le concierge était bon homme, il se trouva plus embarrassé encore ; il regardait d'un air indécis Prudence, dont le chagrin l'attendrissait, Simplicie, dont le visage gonflé et marbré de plaques rouges lui faisait compassion, et Coz, dont l'air décidé et la figure rousse lui inspiraient de la méfiance.

« Entrez, Madame, avec votre petite, dit-il enfin ; Monsieur attendra en bas. »

Coz ne dit rien et s'appuya, les bras croisés, contre le mur. Prudence lui fit signe d'y rester et entra dans l'hôtel avec Simplicie. La porte était ouverte, elles se dirigèrent vers la chambre de Claire et de Marthe et entrèrent sans frapper. Claire se coiffait, Marthe s'habillait. Mme de Roubier était chez ses filles. Toutes trois poussèrent une exclamation de surprise.

MADAME DE ROUBIER.

Qu'est-ce que c'est ? Que vous est-il arrivé ? Pourquoi Simplicie a-t-elle le visage enflé et rouge ? Pourquoi venez-vous de si bonne heure ?

SIMPLICIE.

C'est ma tante qui m'a battue hier soir quand je suis rentrée ; elle a battu aussi Prudence ; je ne veux plus rester chez elle, elle est trop méchante, elle me rend trop malheureuse.

Il descendit lestement les cinq étages. (Page 255.)

MADAME DE ROUBIER.

Mais pourquoi, ma pauvre enfant, au lieu de venir ici, ne retournez-vous pas à Gargilier chez vos parents? »

Simplicie, embarrassée, ne répondit pas; Prudence prit la parole :

« Mam'selle ne peut pas y retourner sans la permission de Monsieur et de Madame, parce que, voyez-vous, Madame, ils sont en colère contre Mam'selle et son frère, qui ont tant pleuré, tant tourmenté Monsieur et Madame pour venir à Paris, que la moutarde a monté au nez de Monsieur; il m'a appelée et m'a dit :

« — Prudence, tu as vu naître mes enfants, tu leur
« es dévouée; veux-tu les suivre à Paris?

« — Oh! Monsieur, que je lui dis, j'irai partout
« où Monsieur voudra; avec lui et Madame, je ne
« crains pas Paris.

« — C'est sans nous qu'il faut y aller, ma pauvre
« Prudence, qu'il me dit; tu les mèneras seule à
« Paris.

« — Hélas! Monsieur, que je lui réponds, j'aurais
« trop peur qu'il n'arrivât malheur à mes jeunes
« maîtres; moi qui ne connais rien dans cette
« grande caverne, je risquerais de m'y perdre.

« — Sois tranquille, je te donnerai une lettre
« pour ma sœur Mme Bonbeck; elle est bonne
« femme, quoique un peu vive; elle n'a pas quitté
« Paris et elle ne m'a pas vu depuis quinze ans
« que je suis marié, mais elle m'aime et je suis
« sûr que vous y serez bien. »

« J'ai dit oui, comme c'était mon devoir de le dire ; Monsieur me donna des instructions, de l'argent plein deux bourses, et me défendit de ramener les enfants s'ils s'ennuyaient de Paris et demandaient à revenir.

— « Je veux, dit-il, leur donner une leçon ; je sais
« qu'ils y seront ennuyés et malheureux ; mais ils
« le méritent par leur déraison et leur manque
« de tendresse et de reconnaissance pour moi et
« pour leur mère. Je veux qu'ils passent l'année à
« Paris, et qu'ils ne reviennent qu'aux vacances. »

« Madame pense bien que je ne puis enfreindre les ordres de Monsieur et ramener Mam'selle au bout d'un mois, laissant M. Innocent dans son collège de bandits et d'assassins, sans personne pour l'en tirer les dimanches et fêtes.

MADAME DE ROUBIER.

Mais que voulez-vous que je fasse, ma pauvre femme ? Je ne peux pas vous garder chez moi ; je n'ai pas de quoi vous loger.

PRUDENCE.

Que Madame veuille bien nous garder seulement la journée, et nous placer quelque part où Mam'selle soit en sûreté jusqu'à ce que j'aie la réponse de Monsieur.

MADAME DE ROUBIER.

Je vais tâcher de vous caser dans une chambre quelconque en attendant que vous ayez un logement convenable. Quant à vous garder chez moi, en compagnie de mes enfants, je vous dirai franchement que je ne le veux pas ; Simplicie est trop

Le concierge se trouva plus embarrassé encore. (Page 256.)

mal élevée, trop vaniteuse, trop égoïste et trop volontaire, pour que j'en fasse la compagne de mes filles, de Sophie, ma fille d'adoption, et de Marguerite, la sœur adoptive de mes filles. Venez avec moi, je vais voir à vous établir quelque part. »

Mme de Roubier sortit, suivie de Prudence consternée des paroles de Mme de Roubier, et de Simplicie profondément humiliée de ces reproches si mérités. Mme de Roubier appela un valet de chambre, donna des ordres, et, après une courte attente, Prudence et Simplicie furent menées dans un petit appartement de deux pièces précédées d'une antichambre et d'une cuisine, habité ordinairement par une femme de charge et qui se trouvait vacant en ce moment.

« Mme de Roubier est bien impertinente, dit Simplicie avec humeur quand elles furent seules.

PRUDENCE.

Écoutez, Mam'selle, elle a dit vrai, voyez-vous. Je serais elle que je dirais comme elle.

SIMPLICIE.

Ah! c'est ainsi que tu m'aimes et que tu me protèges, comme papa t'a dit de le faire?

PRUDENCE.

Pour vous aimer, Mam'selle, Dieu m'est témoin que je vous aime de tout mon cœur; pour vous protéger, je me ferais hacher en morceaux pour vous garantir d'un malheur. Mais ça n'empêche pas que je voie clair et que je trouve comme d'autres que vous ne vous êtes pas comportée gentiment avec votre papa et votre maman. Parce que le fromage sent mauvais, ça n'empêche pas de l'aimer et de le manger avec plaisir. Parce que les gens ont des défauts, ce n'est pas une raison pour qu'on ne les aime pas et qu'on ne se dévoue pas à eux.

— Je te remercie de la comparaison, dit Simplicie piquée et humiliée; me comparer à un fromage puant, c'est trop fort en vérité!

PRUDENCE.

Oh! Mam'selle, je n'ai pas dit que vous étiez un fromage; j'ai seulement dit....

SIMPLICIE.

Tu as dit des choses ridicules et méchantes, et je te prie de te taire; je ne veux plus t'écouter et je ne veux plus que tu me parles.

— Comme Mam'selle voudra », dit Prudence en soupirant et en essuyant une larme qui roulait le long de sa joue.

Un domestique ne tarda pas à apporter le déjeuner de ces dames; c'était du café au lait avec des rôties de pain et de beurre. Simplicie mangea comme un requin, malgré son chagrin et son irritation, et Prudence, malgré son inquiétude et sa tristesse, prit sa large part du déjeuner. Quand le domestique avait apporté le plateau, elle lui avait demandé de s'occuper du pauvre Coz et de le leur envoyer avec la malle quand il aurait déjeuné. Elles avaient à peine fini que Coz entra d'un air inquiet.

« Madame Prude, moi où demeurer? Moi vouloir garder vous et Mam'selle. Domestique me dire :

« — Grand Polonais, pas entrer; Polonais roux,

« pas rester. Pas connaître Polonais ; pas aimer
« Polonais. »

« Madame Prude sait, moi pas méchant, moi
bon, moi rendre service, moi aimer Madame Prude
très bonne, Mam'selle triste et petite. Moi veux
rester pour garder et servir Madame Prude et
Mam'selle.

SIMPLICIE.

Oh ! oui, Coz, restez avec nous ; vous nous serez
très utile.

PRUDENCE.

Mais que dira Mme Bonbeck ? Elle sera en colère
contre Coz et contre nous.

SIMPLICIE.

Je me moque bien de ma tante, à présent que je
ne suis plus chez elle ; je ne la reverrai de ma vie.

COZRGBRLEWSKI.

Bonbeck peut pas colère. Pourquoi colère ? Moi
pas esclave à Bonbeck ? Moi aimer plus Madame
Prude et Mam'selle, et moi partir.

PRUDENCE.

Eh bien ! mon brave Coz, montez-nous la malle
qui est restée dans la cour. Vous pourrez rester
avec nous ; vous coucherez dans l'antichambre ;
vous nous aiderez à faire notre ménage ; l'argent
ne me manque pas ; nous mangerons chez nous et
nous ne gênerons personne. »

Coz, enchanté, ne fit qu'un saut dans la cour et
monta la malle. La femme de chambre de Mme de
Roubier vint apporter des draps et ce qui était nécessaire pour habiter l'appartement ; elle leur dit,

de la part de sa maîtresse, qu'elles pouvaient y rester jusqu'au retour de la femme de charge, qui était dans son pays pour un mois encore, mais qu'elle leur demandait de se mettre à leur ménage.

« Vous trouverez tout ce qui est nécessaire pour la cuisine et votre ménage ; la femme de charge y vit avec ses deux filles : elles faisaient leur cuisine elles-mêmes. Je vous trouverai une fille de cuisine qui fera votre affaire.

— Merci bien, Madame, répondit Prudence, je n'ai besoin de personne ; voici M. Coz qui veut bien nous aider ; je le ferai coucher dans l'antichambre, et il nous achètera ce qui nous est nécessaire.

— Si vous avez besoin de quelque chose, Mademoiselle, j'espère bien que vous ne vous gênerez pas pour le demander soit à moi, soit à la cuisine.

— Vous êtes bien honnête, Madame ; je profiterai de votre permission si j'en ai besoin, mais j'espère n'avoir à déranger personne. »

La femme de chambre se retira ; Prudence déballa et rangea, pendant que Simplicie boudait, assise dans un fauteuil, et que Coz courait au marché pour avoir de quoi déjeuner et dîner. Quand il apporta ses provisions, Prudence les examina avec satisfaction, plaça le vin dans un endroit frais, le charbon et le bois dans un réduit destiné à cet usage, les provisions de bouche dans un garde-manger attenant à la cuisine ; Coz lui fut d'un grand secours ; Simplicie finit par se dérider et par aider aussi non seulement à l'arrangement général, mais encore aux préparatifs du déjeuner ; elle voulut mettre le couvert pour trois, mais Prudence s'y opposa.

« Non, Mam'selle, les maîtres ne mangent pas avec les serviteurs ; Coz et moi, nous vous servirons, et nous déjeunerons ensuite dans l'antichambre. »

En effet, quand le déjeuner fut prêt, Simplicie se mit à table ; Prudence lui apporta une omelette, deux côtelettes et une tasse de café au lait avec une brioche. Simplicie mangea avec appétit et trouva le service très bien fait. Coz y mettait toute son intelligence et sa bonne volonté ; Prudence y avait mis tout son amour-propre et son amour pour sa jeune maîtresse.

Après le repas, quand la table fut desservie et pendant que Prudence et Coz mangeaient à leur tour, Simplicie, restée seule, sans livres, sans occupation, réfléchit beaucoup et profita de ses réflexions ; elle commença à être touchée du dévouement de Prudence, qui ne trouvait même pas sa récompense dans l'amitié et les bonnes paroles de Simplicie ; toujours Simplicie la rudoyait et jamais elle ne lui témoignait la moindre reconnaissance, la moindre affection. La pauvre Prudence, comme un chien fidèle, supportait tout, ne se plaignait de rien, ne demandait ni récompense, ni merci, et croyait n'accomplir qu'un devoir rigoureux là où elle donnait des preuves du plus humble dévouement et de la plus vive affection. Les reproches de Mme de Roubier revinrent à la mémoire de Simplicie; son orgueil, d'abord révolté, fut obligé de reconnaître la vérité de ses accusations; elle rougit à la pensée du peu d'estime qu'elle inspirait; elle regretta d'être reléguée seule dans un coin de l'hôtel, au lieu de s'amuser avec ces charmantes petites filles, si aimables, si bonnes, si aimées. Elle n'était pas encore changée, mais elle commençait à reconnaître qu'il y avait à changer en elle et à rougir de ses défauts. Elle eut le temps de réfléchir, de rougir et de soupirer, car, après le repas, Prudence et Coz rangèrent l'appartement, puis lavèrent et essuyèrent la vaisselle et les casseroles.

Il était deux heures quand ils eurent fini leur ouvrage; on frappa à la porte.

« Entrez! » cria Prudence.

C'était Mme de Roubier, avec Claire et Marthe, qui venait savoir des nouvelles de Simplicie, voir si elle ne manquait de rien et si elle ne désirait pas quelques livres.

Prudence ouvrit la porte; Simplicie, étendue dans un fauteuil, s'y était profondément endormie; elle n'entendit pas entrer ces dames, qui examinèrent avec curiosité et pitié les marques des soufflets de sa tante.

« Comment cette tante a-t-elle pu se porter à de tels actes de colère, demanda Mme de Roubier, et pourquoi vous a-t-elle ainsi battues toutes deux? »

Prudence raconta à Mme de Roubier la scène qu'elles avaient subie en rentrant de chez elle la veille au soir.

Elle n'entendit pas entrer ces dames.

« Pourquoi ? c'est ce que je ne puis dire à Madame. J'ai bien vu à quelques paroles qui lui échappaient qu'elle aurait voulu venir avec Mam'selle chez Madame ; mais comme elle n'en avait rien dit avant notre départ, ni Mam'selle ni moi nous n'étions pas plus coupables que l'enfant qui vient de naître. Madame juge que Mam'selle, qui n'a pas l'habitude d'être battue, a été impressionnée à croire qu'elle allait mourir ; la pauvre enfant a passé la nuit à pleurer et à trembler. Moi-même, qui n'étais pas plus contente qu'elle, je ne trouvais rien pour la consoler, sinon quand je lui ai proposé de nous sauver de grand matin. Ça l'a un peu remontée ; et puis nous avons résolu de demander refuge à Madame, ne connaissant personne dans Paris. Ville de malheur, nous n'y avons eu que de l'ennui ! Madame me croira si elle veut, mais je considère le temps que j'y ai passé comme un temps de galères. J'espère bien que Monsieur me permettra de lui ramener Mam'selle et M. Innocent, qui n'est guère plus heureux dans sa pension. Le voilà bien avancé avec son uniforme qui lui bat les talons ; joli respect qu'on lui porte ! En voilà encore une idée ! »

Simplicie dormait toujours ; elle rêvait, elle gémissait, se tordait les mains ; des larmes coulèrent de ses yeux et roulèrent lentement sur ses joues gonflées. Claire et Marthe eurent pitié d'elle.

« Maman, quand elle s'éveillera, elle pourra venir chez nous, n'est-ce pas ? Voyez comme elle a l'air malheureux, comme elle gémit.

— En rêve, mon enfant, en rêve. Il est probable qu'au réveil elle se retrouvera dans son état accoutumé.

— Mais nous pourrons venir la voir pour la désennuyer?

— Oui, nous reviendrons après notre promenade; en attendant, laissez-lui les livres que nous lui avions apportés. »

Mme de Roubier sortit avec ses filles, laissant Simplicie toujours endormie.

XIX

LES ÉPREUVES D'INNOCENT

Innocent n'avait aucun soupçon de ce qui s'était passé chez sa tante et de la fuite de sa sœur. Il continuait à la pension sa vie pénible et accidentée par les tours innombrables que lui jouaient ses camarades. Paul, Jacques et Louis le protégeaient de leur mieux, mais ils n'étaient pas de sa classe et ils ne pouvaient prévoir ni empêcher les méchancetés de détail dont il était la victime.

Un jour, pendant le silence de l'étude, une légère agitation se manifesta sur les bancs. Une révolte avait été préparée par la majorité de la classe pour se venger des maîtres de cette pension, où les élèves étaient rudement traités, mal nourris, mal couchés et sans aucune des distractions et des douceurs qu'on a souvent dans les bons collèges ; c'était Innocent qui avait été désigné pour servir de prétexte à l'émeute projetée. On se poussait du coude, on riait sous cape, on se risquait même à chuchoter, tous les regards se dirigeaient furtivement sur Innocent, dont l'air benêt et les vêtements démesurément longs et larges provoquaient les malices de ses camarades. Le maître d'étude avait plusieurs fois levé des yeux courroucés sur ses élèves, mais ces derniers semblaient deviner l'instant où le maître les regarderait, et il n'avait pu encore surprendre un seul coupable. Innocent regardait aussi, sans comprendre la cause de ce désordre; il souriait et ne prenait aucune précaution pour s'en cacher, précisément parce qu'il n'avait aucune part au complot. Il arriva que le maître surprit un sourire d'Innocent, qui tournait la tête à droite et à gauche pour trouver le motif de la gaieté de ses camarades.

« Monsieur Gargilier, s'écria le maître, qui croyait avoir trouvé le coupable, Monsieur Gargilier, venez ici. »

Innocent se leva, mais, au premier pas qu'il fit, il trébucha contre la table; il se remit en équilibre, trébucha de nouveau, se débattit contre un lien qui le retenait à son banc et tomba le nez par terre. Ce fut le signal d'un tumulte général, les uns se précipitèrent pour le relever, d'autres pour aider ceux qui le ramassaient, le reste pour changer de place et faire du bruit sous prétexte de le secourir. Le maître tapait sur son pupitre, criait : « En place, Messieurs! » mais ils faisaient semblant de ne pas entendre et de se montrer inquiets de la chute d'Innocent.

« Dix mauvais points pour Gargilier! cria le maître.... Deux cents vers à copier pour Gargilier! » ajouta-t-il, voyant qu'Innocent restait à terre.

Et comment pouvait-il se relever? Les camarades venus à son secours le tiraient par les jambes, l'aplatissaient à terre, le roulaient sous le banc sous prétexte de lui venir en aide. Enfin, le maître d'étude, outré de colère, arriva lui-même, dispersa les élèves en s'aidant des pieds et des poings, et donna une taloche à Innocent toujours étendu. Innocent tira les jambes, le banc suivit le mouvement; il se leva, avança d'un pas, toujours suivi du banc, à la grande surprise du maître et à la grande joie des élèves, qui laissèrent échapper des rires contenus jusqu'alors.

Le maître se baissa et vit qu'une des jambes d'Innocent avait été attachée au banc de la classe; les élèves l'ayant quitté, Innocent entraînait le banc ainsi allégé.

« Messieurs, cria le maître irrité, vous êtes un tas de mauvais petits drôles, de vrais Satans, d'affreux Méphistophélès, du gibier de Lucifer, la honte de la maison! C'est une infamie, une ignominie! Quand aurez-vous fini vos scélératesses à l'égard de ce jeune Innocent, dont vous faites un martyr, dont vous êtes les bourreaux, que vous rendrez imbécile, idiot, à force de tortures! Je consigne toute la classe jusqu'à ce que j'aie pris les ordres de M. le chef de pension. Je vous défends de rire, de parler, de bouger, de respirer.... »

Le maître fut interrompu par des rires partis de tous les coins de l'étude.

« A bas le pion! à bas le tyran! cria-t-on de toutes parts.

— Messieurs....

— A la porte, le pion! A la porte! Une danse au pion! Une danse à son capon!

— Messieurs.... »

Une foule compacte d'écoliers lui coupa la parole en se ruant sur lui; en une seconde il se vit entouré d'une quarantaine de furieux; les uns lui tiraient les jambes, les autres le mordaient, d'autres l'accablaient de coups de poing, de coups de pied; on le griffait, on le pinçait, on le secouait. La quantité devant à la longue l'emporter sur la qualité, le maître jugea prudent de ne pas attendre; il se débarrassa de ses ennemis comme il put, et à grand'peine il parvint à gagner la porte, l'ouvrit, se précipita dehors, la referma à double tour et courut prévenir le maître de l'émeute qui venait d'éclater. Le maître n'était pas dans son cabinet; il fallut le chercher dans la maison, et, avant que le maître d'étude l'eût rejoint et l'eût amené à la porte de la classe, les petits misérables, excités par quatre ou cinq mauvais garnements qui avait tramé ce complot et qui avaient attaché la jambe d'Innocent pour amener le désordre, se mirent en devoir de faire subir au pauvre Innocent la punition de sa prétendue trahison.

Dès qu'ils furent enfermés, ils comprirent l'abîme

« Deux cents vers à copier pour Gargilier. » (Page 275.)

dans lequel ils s'étaient jetés, et le calme se rétablit subitement.

Innocent était encore attaché au banc et cherchait vainement à casser la solide ficelle qui le retenait.

« Tire-toi de là si tu peux, mauvais capon! cria un des élèves, tu iras nous dénoncer après.

— Il faut l'empêcher de sortir! cria un autre.

— Et le punir de ses caponneries, dit un troisième.

— Jugeons-le, procédons légalement.

— Oui, pour qu'il s'échappe pendant que nous le jugerons!

— La porte a été fermée par le pion; comment veux-tu qu'il l'ouvre?

— Il sautera par la fenêtre.

— Nous saurons bien l'en empêcher.

— Ne perdons pas de temps, jugeons-le. Moi, d'abord, je le déclare coupable et je le condamne à recevoir cinquante coups de règle sur les reins.

— Moi aussi! moi aussi! » crièrent la plupart des élèves.

Une vingtaine des plus mauvais se jetèrent sur Innocent, qui, les mains jointes, l'air effaré, les yeux larmoyants, les suppliait d'avoir pitié de lui et de ne pas lui faire de mal.

« Je n'ai rien fait, je vous assure que je n'ai rien fait ni rien dit; je vous en prie, mes amis, ayez pitié de moi.

— Nous ne sommes pas tes amis, tartufe! tu nous as fait tous punir; tu vas être puni, toi aussi. »

Et, sans écouter ses supplications et ses cris, ils le jetèrent par terre, lui arrachèrent sa redingote et tombèrent sur lui armés chacun d'une règle. Innocent poussait des cris lamentables et demandait grâce; les méchants garçons, s'animant les uns les autres, le frappaient toujours.

Le groupe qui s'était abstenu de l'exécution commençait à murmurer et à s'émouvoir.

« Assez!... cria enfin une voix qui ne fut pas écoutée.

— Assez! répétèrent trois ou quatre voix.

— Assez! » cria le groupe en chœur sans plus de succès.

Le groupe s'agita, se concerta un instant, et tous, s'élançant d'un commun accord sur les méchants camarades, délivrèrent le malheureux Innocent, dont les vêtements déchirés et les cris pitoyables témoignaient de l'animosité ainsi que de la malice de ses assaillants.

Pendant que quelques élèves maintenaient de vive force les dix ou douze qui avaient été les plus acharnés au supplice du pauvre Innocent, les autres le relevaient et le secouraient de leur mieux; à peine avaient-ils eu le temps d'essuyer ses larmes et de le rassurer par des promesses de protection, qu'on entendit du bruit au dehors : la porte s'ouvrit et le chef d'institution, accompagné du maître d'étude et de quelques hommes attachés à la maison, parut et parcourut du regard les différents groupes qui s'offraient à ses yeux. Dans un coin, un demi-combat avait lieu entre les ennemis d'In-

Il se débarrassa de ses ennemis. (Page 276.)

nocent et ses défenseurs; à un autre bout se tenaient immobiles et craintifs ceux qui avaient pris part au jugement, à la punition, mais qui s'étaient abstenus à la fin et qui n'avaient pas lutté contre les libérateurs d'Innocent. Au milieu de la salle était un groupe nombreux qui soutenait Innocent et qui cherchait à mettre un peu d'ordre dans ses vêtements en lambeaux. Son visage était couvert de sang par suite d'un rude coup de poing qu'il avait reçu sur le nez.

D'un coup d'œil le maître comprit ce qui venait de se passer. Il commença par appeler deux domestiques :

« Prenez cet infortuné Gargilier, montez-le à l'infirmerie et dites à l'infirmière de voir si ces petits misérables ne lui ont pas fait un mal sérieux. »

« Prenez dans le coin, là-bas, les mauvais garnements qui se défendent la règle à la main et enfermez-les au cachot. Que deux hommes se tiennent prêts à porter les lettres aux parents de ces élèves. »

Puis se tournant vers le maître d'étude :

« Pour les autres, tous coupables, mais à de moindres degrés, grande retenue jusqu'à nouvel ordre. Nous ferons une enquête et nous séparerons les sots des méchants pour leur faire des parts différentes. »

Les ordres du maître s'exécutèrent sans aucune opposition; les élèves étaient tous plus ou moins consternés, selon qu'ils se sentaient plus ou moins coupables, car aucun n'était innocent.

Le résultat de l'enquête fut l'expulsion de cinq élèves qu'on renvoya le soir même à leurs parents; la privation de sortie pendant un mois pour douze autres élèves, et la privation d'une sortie et d'une promenade pour le reste de la classe.

Innocent, contusionné, meurtri, resta quelques jours à l'infirmerie. La nouvelle de sa maladie et de la scène qui l'avait occasionnée se répandit promptement dans toutes les classes; elles témoignèrent une curiosité générale, et chacun voulut visiter Innocent et lui témoigner sa sympathie. Les plus charitables furent, comme toujours, Paul, Jacques et Louis, qui se trouvaient absents de la pension le jour de l'événement; ils inspirèrent à Innocent une amitié qui le disposa à la confiance; il leur raconta tout ce qu'il avait fait pour obtenir de ses parents l'autorisation de venir à Paris et à la pension; il en témoigna un grand regret; ses amis profitèrent de ses aveux pour lui donner de bons conseils; ils lui firent voir combien sa conduite avait été coupable et comme le bon Dieu le punissait par l'accomplissement même de ses désirs.

« Si tu étais resté chez toi, tu aurais toujours regretté la pension; tu n'en aurais pas connu les désagréments, tu aurais eu de l'humeur contre ton père, dont tu ne savais pas apprécier la bonté.

— Oh! oui, tu as bien raison, mon bon Paul; à présent, quand j'aurai le bonheur de retourner à Gargilier, je ne demanderai à mon père qu'une seule grâce, c'est de ne jamais le quitter. Je serai aussi obéissant que j'étais révolté, aussi studieux

Les autres le relevaient et le secouraient. (Page 280.)

que j'étais paresseux. Oui, mes amis, grâce a vous, je sais, je vois combien j'ai été coupable et combien je dois remercier Dieu de m'avoir envoyé de si rudes châtiments. »

En sortant de l'infirmerie, Innocent devint, comme ses amis, un excellent élève; quand il fut tout à fait rétabli, il écrivit à son père la lettre suivante :

« Mon père, mon cher père, pardonnez-moi, car j'ai été bien coupable; ayez pitié de moi, car j'ai bien souffert. Je vous ai pour ainsi dire forcé, par mes humeurs, mes tristesses hypocrites, mes résistances à vos ordres et à vos sages conseils, à vous séparer de moi en m'envoyant dans cette pension dont je voulais si sottement et si méchamment porter l'uniforme. J'ai entraîné Simplicie à faire comme moi, à bouder, à pleurer, pour vous obliger, à force d'ennui et de contrariété, à me donner une compagne de voyage. Je suis si malheureux dans cette maison, j'y suis si maltraité, que vous auriez pitié de moi si vous voyiez ma tristesse, mon repentir et toutes mes souffrances. Les maîtres sont assez bons, mais il y en a de bien durs; les élèves sont d'une méchanceté que je n'aurais jamais soupçonnée; une fois ils m'ont presque étouffé; j'ai été malade trois jours; une autre fois ils m'ont tant battu avec leurs règles, dans une révolte, qu'ils ont déchiré mes habits et qu'ils m'ont tout meurtri; j'ai été obligé d'aller à l'infirmerie; j'ai encore des plaques noires partout et je puis à peine m'asseoir. Je n'ai pas vu Prudence ni Simplicie depuis quinze jours ; je ne sais pas pourquoi elles ne sont pas venues me voir.

« Je vous en prie, mon cher papa, faites-moi revenir près de vous, et gardez-moi toujours ; je serai si heureux de vous revoir à Gargilier, ainsi que maman, et de penser que je ne vous quitterai jamais et que je ne reviendrai plus dans ce Paris que je déteste! J'attends votre réponse avec une grande impatience. Je ne veux pas croire que vous me refusiez, car je sens que je mourrais de chagrin si je restais ici. Je vous embrasse, mon cher papa et ma chère maman, et je suis votre fils bien repentant et bien malheureux,

« Innocent Gargilier. »

Quand cette lettre fut écrite, Innocent se sentit le cœur soulagé ; il savait combien ses parents l'aimaient, et il ne douta pas que son père ne vînt immédiatement le chercher. Dans cet espoir, il écrivit à Prudence pour lui demander de venir le voir et pour lui raconter ce qui venait de lui arriver et la demande qu'il avait adressée à son père.

Le chef d'institution écrivait de son côté à M. Gargilier.

« Monsieur,

« Je dois vous prévenir que monsieur votre fils a été pris en grippe par ses camarades à la suite d'une dénonciation qu'il a faite, dans l'ignorance des usages des pensions. On lui a fait subir deux

Le chef d'institution, accompagné du maître d'étude. (Page 280.)

épreuves dans lesquelles il a couru des dangers sérieux et sans que les maîtres chargés de la garde des élèves aient pu l'empêcher. Il est sans cesse en proie à des vexations de toute sorte. Dans ces conditions et dans son intérêt, il m'est impossible de le garder, et je vous serai obligé de me délivrer le plus tôt possible de l'inquiétude dans laquelle je suis à son égard.

« J'ai l'honneur d'être votre tout dévoué serviteur,

« Héraclius Doguin. »

Ces deux lettres trouvèrent M. et Mme Gargilier partis de la veille pour un voyage de quinze jours. Ce ne fut qu'à leur retour qu'ils apprirent la triste position de leur fils.

XX

SIMPLICIE AU SPECTACLE

Simplicie dormit longtemps encore après le départ de Mme de Roubier. En s'éveillant, elle vit les livres que Claire et Marthe avaient pris soin de lui apporter, et comme elle s'ennuyait, elle fut contente de pouvoir lire pendant qu'elle était seule. Prudence, qui était entrée dix fois pour voir si elle s'éveillait, ne tarda pas à entr'ouvrir la porte et à passer la tête.

« Vous voilà donc enfin réveillée, Mademoiselle : je me réjouissais de vous voir si bien dormir. Voilà votre visage dégonflé et reposé : ces demoiselles de Roubier sont venues vous voir avec Madame, mais vous dormiez; elles sont revenues après leur promenade, vous dormiez encore. Voulez-vous que j'aille leur dire que vous êtes éveillée?

SIMPLICIE.

Non, j'aime mieux les voir plus tard, demain;

Mme de Roubier ne m'aime pas, je suis honteuse devant elle.

PRUDENCE.

Honteuse! Et pourquoi seriez-vous honteuse, Mam'selle? Ce n'est pas votre faute si votre tante vous a battue.

SIMPLICIE.

Oh! ce n'est pas pour cela! C'est parce qu'elle a dit des choses si désagréables de moi et que je vois bien qu'elle a raison.

PRUDENCE.

Faut pas croire cela, Mam'selle; on dit comme ça des choses qu'on ne pense pas. C'était pour expliquer comme quoi elle ne voulait pas être gênée pour les leçons de ces demoiselles.

SIMPLICIE.

Non, non, je te dis que je sens dans ma tête et dans mon cœur qu'elle a raison. Je vois à présent comme j'étais sotte de vouloir venir à Paris, comme c'était mal pour pauvre maman et pour papa, de bouder, de pleurer, de les tourmenter pour nous laisser aller à Paris. Innocent est cause de tout cela, mais je n'aurais pas dû l'écouter et j'aurais dû rester avec maman. Je voulais m'amuser, je ne pensais pas à autre chose, et me voilà bien punie; je n'ai jamais été si malheureuse que depuis que j'ai quitté maman. Le bon Dieu nous a envoyé une quantité de malheurs. Et puis ma tante qui est si méchante! Si j'avais su cela, je n'aurais jamais désiré venir à Paris. Je m'y ennuie à mourir; on y est toujours enfermé; on ne peut pas se promener et courir à son aise; les rues sont crottées et pleines de monde; on ne connaît personne. Je veux écrire demain à maman pour la prier de me laisser revenir à Gargilier. Veux-tu, Prudence?

PRUDENCE.

Si je veux! Oh! Mam'selle, je serai si contente! C'est moi qui m'ennuie à Paris, allez! je ne vous ai pas fait voir le chagrin que j'avais en m'en allant et celui que j'ai dans ce maudit Paris. Écrivez, écrivez, Mam'selle! Dieu de Dieu! serai-je contente quand il faudra monter en voiture pour retourner là-bas! Je ne regretterai qu'une chose à Paris : c'est ce pauvre Coz, qui nous a été si utile, qui nous sert si bien et qui a vraiment l'air de nous aimer!

SIMPLICIE.

Pourquoi ne l'emmènerions-nous pas?

PRUDENCE.

Impossible, Mam'selle; que dirait votre papa? lui qui ne le connaît seulement pas? Et puis Coz n'aurait rien à faire là-bas; il ne serait bon à rien. »

Coz avait entendu la conversation par la porte restée entr'ouverte; il avait passé sa grosse tête rousse aux dernières paroles de Prudence, et il était entré tout à fait pendant qu'elle donnait le détail de ses qualités.

« Moi bon à tout, Madame Prude, dit-il, moi savoir tout faire; soigner chevaux, bêcher terre, faucher herbe, servir dans maison, écrire comptes. Moi domestique-intendant chez comte Wielzikorgaezki ; moi, tout dire, tout ordonner, tout faire. Moi aimer maître, moi vous aimer tous. »

Prudence restait interdite ; Simplicie riait.

SIMPLICIE.

Tu vois, Prudence, que Coz nous sera très utile. Si maman veut bien nous faire revenir à Gargilier, nous emmènerons certainement Coz. Papa ne le renverra pas, j'en suis sûre.

COZ.

Merci, Mam'selle ; moi apprendre polonais à vous et à frère ; moi aimer campagne, moi aimer tout ; seulement pas aimer Russes ; moi tuer Russes à Ostrolenka, à Varshava, partout. »

Simplicie riait toujours ; Prudence se rassurait.

COZ.

Madame Prude, si Mam'selle veut dîner, dîner prêt ; moi tout préparer. Et si Mam'selle et Mme Prude s'ennuient, moi mener au spectacle très joli ; chevaux galopent, hommes sautent ; femmes, enfants dansent, courent sur chevaux ; très joli, très joli. »

Les yeux de Simplicie brillèrent ; elle sauta de dessus sa chaise et dit à Prudence d'accepter la proposition de Coz.

PRUDENCE.

Mais, Mam'selle, vous êtes fatiguée, vous êtes souffrante ; il faut vous coucher de bonne heure.

SIMPLICIE.

Non, non, je ne suis plus fatiguée ni souffrante ; dînons vite et allons au spectacle. »

Prudence soupira et céda. Simplicie mangea,

pressa le dîner de Prudence et de Coz, mit son chapeau, et tous trois partirent pour le cirque des Champs-Élysées. Coz les fit placer au premier rang, s'assit derrière elles et attendit. Le spectacle allait commencer, lorsqu'un tumulte de voix furieuses leur fit tourner la tête. Quel fut l'effroi de Simplicie quand elle reconnut sa tante accompagnée de Boginski, et qui voulait à toute force pénétrer au premier rang!

« Vous voyez bien, Madame, dit un des spectateurs, que c'est plein comme un œuf; toutes les places sont occupées.

MADAME BONBECK.

Je me fiche pas mal des places occupées; j'ai pris deux billets de premier rang et je veux m'y mettre, quand tous les diables y seraient.

LE SPECTATEUR.

Vous ne passerez pas, corbleu! c'est moi qui vous le dis.

MADAME BONBECK.

Je passerai, parbleu! Tant pis pour ceux qui se trouveront sur mon chemin. »

Et, enjambant sur le monsieur qui défendait le passage, elle allait se jeter sur une dame placée devant, lorsque le monsieur tira si fortement ses jupes, que sa jambe resta en l'air; un autre monsieur saisit cette jambe pour prêter main-forte à son voisin; Mme Bonbeck se mit à jurer comme un templier, à vouloir se faire jour à coups de coude et à coups de genou. Le public, impatienté, cria : « A la porte! » On s'attendait à une bataille en règle, lorsque, à la stupéfaction générale, Mme Bonbeck resta immobile, la jambe dans les mains du monsieur, les bras sur les épaules d'une dame et d'une demoiselle, la bouche ouverte, les yeux effarés : elle venait d'apercevoir Simplicie, Prudence et Coz.

« Simplette! cria-t-elle; Prude! Coz! Comment diable êtes-vous ici? »

Et, redevenant douce comme un agneau, elle fit des excuses à droite, à gauche, devant, derrière, se retira au dernier rang avec Boginski, qui suait à grosses gouttes, et continua à appeler de sa voix la plus douce Simplette, Prude et Coz.

Simplicie, terrifiée, supplia Prudence de l'emmener; Prudence, plus effrayée encore que sa jeune maîtresse, ne pouvait faire un mouvement ni prononcer une parole. Coz regardait Mme Bonbeck d'un air féroce et Boginski d'un air de reproche. Boginski ne voyait ni n'entendait, tant il était honteux de la scène qui venait de se passer. Mme Bonbeck continuait à appeler Simplette, Prude et Coz d'un ton plus élevé :

« Taisez-vous donc, vieille folle! lui dit un vieux monsieur qu'elle importunait.

MADAME BONBECK.

Je ne veux pas me taire, moi; je n'ai d'ordre à recevoir de personne. Je n'empêche personne de parler, et je veux parler si cela me plaît.

LE MONSIEUR.

Vous devez vous taire comme nous faisons tous. Vous n'avez pas le droit de troubler la représentation.

Mme Bonbeck resta immobile.

MADAME BONBECK.

Je veux avoir ma nièce, et je l'aurai.

LE MONSIEUR.

Quelle nièce? Vous êtes arrivée en tête-à-tête avec cet infortuné qui sue sang et eau, tant il est honteux. »

Mme Bonbeck se tourna vers Boginski.

« Venez ici, près de moi, mon garçon. Pas vrai, vous n'êtes pas honteux?

BOGINSKI.

Non, Mâme Bonbeck.

— Ah! ah! ah! firent les voisins de Mme Bonbeck, le nom est bien choisi!

MADAME BONBECK.

Combien de fois ne t'ai-je pas dit, imbécile, de ne pas répéter mon nom à chaque parole!

— Oui, Mâme Bonbeck, dit le malheureux Boginski, de plus en plus troublé.

MADAME BONBECK.

Encore?

BOGINSKI.

Oui, Mâme Bonbeck.

MADAME BONBECK.

Animal! tu mériterais....

BOGINSKI.

Oui, Mâme Bonbeck.

— Ah! ah! ah! continuèrent les voisins; la bonne pièce! c'est plus amusant que les chevaux.

— Tas d'imbéciles! » leur cria Mme Bonbeck.

Des éclats de rire furent la seule réponse que lui adressèrent ses voisins.

« Silence! criait-on de toutes parts! la représentation va commencer! »

Mme Bonbeck se tourna encore vers Simplicie : les places étaient vides; Coz avait profité de l'épisode de Boginski pour faire partir Prudence et Simplicie demi-mortes de frayeur. Elles étaient si tremblantes, qu'il les fit monter en voiture pour les ramener, et il fit bien, car à peine le fiacre s'était-il éloigné de dix pas, que Mme Bonbeck parut à la porte du théâtre, cherchant Simplicie, Prudence et Coz; elle regarda de tous côtés, fit le tour du théâtre, et, ne voyant pas ce qu'elle cherchait, elle reprit le bras de Boginski en jurant.

MADAME BONBECK.

C'est votre faute, nigaud! Sans vous je les aurais eus.

BOGINSKI.

Comment, ma faute, Mâme B...?

MADAME BONBECK.

Certainement! Votre sotte habitude de répéter à tout propos : « Mâme Bonbeck, Mâme Bonbeck, » a fait rire ces mauvais drôles; je me suis fâchée, j'ai perdu de vue ma nièce et les autres, et ils se sont sauvés pendant que vous débitiez vos sottises.

BOGINSKI.

Bien sûr, Mâme.... Mâme, moi pas recommencer.

MADAME BONBECK.

A la bonne heure; je vous pardonne pour cette fois encore. Marchons un peu vite; j'ai le sang au cerveau. Ces sottes gens! cette diable de Simplicie! L'ai-je cherchée depuis ce matin! »

Et Mme Bonbeck courait, courait d'un tel train, que Boginski avait peine à la suivre. Ils furent arrêtés deux fois par des patrouilles; on les prenait pour des malfaiteurs qui se sauvaient. Une

Un sergent de ville leur barra le passage.

troisième fois, un sergent de ville, ayant la même pensée, leur barra le passage, et ne consentit à les laisser aller qu'à la condition de les accompagner jusqu'à l'adresse qu'ils indiquaient, pour s'assurer qu'ils étaient réellement innocents de tout vol et de tout délit.

Mme Bonbeck rentra furieuse Boginski, tout attristé de la vie à laquelle il s'était condamné, et presque décidé à faire comme son ami Coz et à chercher un autre moyen d'être logé, nourri, habillé gratis.

Simplicie rentrait de son côté, désolée d'avoir manqué le spectacle dont elle comptait tant s'amuser; Prudence, agitée de la crainte d'être retrouvées et enlevées par Mme Bonbeck, et Coz content d'avoir sauvé ses protégées des vivacités de cette excellente furie. En rentrant, elles apprirent que Mlles de Roubier étaient encore venues voir Simplicie et avaient témoigné leur étonnement de la savoir sortie.

Simplicie se coucha et dormit profondément; Prudence en fit autant. Coz mit son lit en travers de la porte d'entrée. Rassuré par cette mesure contre toute attaque nocturne, il ne tarda pas à ronfler jusqu'au lendemain.

Plusieurs jours se passèrent ainsi; Simplicie voyait chaque soir Mlles de Roubier; elle devenait meilleure en leur société, et sentait de plus en plus ses ridicules et ses défauts. Elle attendait avec anxiété une réponse à la lettre qu'elle avait adressée à sa mère le jour même qu'Innocent écrivait à son père, et qui était conçue dans les termes suivants :

« Ma chère maman,

« Je ne suis plus chez ma tante: je me suis

échappée avec Prudence et Coz ; ma tante m'a tant battue, que j'avais le visage et la tête rouges et enflés ; elle a battu aussi Prudence ; nous ne savons pas pourquoi. Ma tante m'avait déjà donné plusieurs soufflets ; elle est si colère et j'ai si peur d'elle, que Prudence et moi nous nous sommes sauvées chez Mme de Roubier, qui nous a donné un petit appartement où nous vivons seules avec Coz, qui est excellent ; Mme de Roubier a dit que j'étais méchante, vaniteuse, ridicule, et je ne sais quoi encore ; elle a raison, et c'est pourquoi, ma chère maman, je vous demande bien pardon d'avoir été si méchante, d'avoir voulu absolument vous quitter, et de vous avoir donné beaucoup de chagrin. Le bon Dieu m'a bien punie : ma tante est méchante comme une gale, Paris est horriblement ennuyeux ; je suis très triste et très malheureuse, et la pauvre Prudence aussi. Je vous en prie, ma chère maman, faites-moi revenir près de vous ; jamais je ne m'ennuierai, jamais je ne m'en irai, jamais je ne bouderai. Je vous prie aussi, ma chère maman, de laisser le pauvre Coz venir avec nous ; il est si bon que je ne sais pas ce que nous serions devenues sans lui ; il sait tout faire, ainsi il sera très utile à papa. Adieu, ma chère maman, je vous embrasse de tout mon cœur ainsi que papa.

« Votre pauvre Simplicie, malheureuse et repentante. »

XXI

VISITE A LA PENSION.
DETTES D'INNOCENT

SIMPLICIE.

Prudence, il y a quinze jours que nous n'avons vu Innocent ; si nous allions lui faire une visite au collège ?

PRUDENCE.

Très volontiers ; nous irons avec Coz, de peur de nous perdre. »

Prudence alla prévenir Coz ; Simplicie prit son chapeau et son mantelet, et ils se mirent en route, Coz suivant Simplicie et Prudence. La promenade était longue, mais il faisait un temps superbe, et Simplicie était contente de marcher et de respirer. Ils arrivèrent à la pension, furent introduits dans le parloir et attendirent Innocent.

Quand il entra, Prudence et Simplicie poussèrent toutes deux une exclamation de surprise.

SIMPLICIE.

Ah ! comme tu es changé ! Est-ce que tu as été malade ?

PRUDENCE.

Hélas ! mon pauvre Monsieur Innocent, êtes-vous pâle et maigre !

INNOCENT.

J'ai passé huit jours à l'infirmerie.

SIMPLICIE.

Pourquoi ? Qu'est-ce que tu as eu ?

INNOCENT.

Les élèves m'ont tant battu avec leurs règles, que j'étais tout meurtri depuis les épaules jusqu'aux jarrets.

— Les misérables ! s'écria Prudence.

SIMPLICIE.

Pourquoi t'es-tu laissé faire ?

INNOCENT.

Comment pouvais-je les empêcher ? Ils étaient plus de vingt après moi.

SIMPLICIE.

Pourquoi le maître ne t'a-t-il pas secouru ?

INNOCENT.

Il avait été obligé de sortir pour chercher le chef d'institution ; toute la classe s'était révoltée ; ils ont manqué l'assommer.

PRUDENCE.

Et aucun d'eux n'a eu le cœur de vous défendre ? Tous se sont mis contre vous ?

INNOCENT.

Au commencement, oui ; après, quand ils m'ont

entendu tant crier, plusieurs sont venus à mon secours et ils ont chassé les méchants garçons qui me frappaient toujours.

PRUDENCE.

Mais, mon pauvre Monsieur Innocent, vous ne pouvez pas rester dans cette caverne d'assassins! Ils vous tueront, mon pauvre petit maître; ils vous tueront! Il faut sortir d'ici.

INNOCENT.

J'ai écrit à papa pour le supplier de me faire revenir à Gargilier; j'attends sa réponse. C'est étonnant que je ne l'aie pas encore! Et toi aussi, Simplicie, comme tu es changée! Tu es très maigrie; tes joues ne sont plus grosses. Et puis tes cheveux! Pourquoi les as-tu coupés? »

Simplicie raconta à Innocent les événements qu'il ignorait et la fuite de chez sa tante.

« Tu vois, dit-elle en finissant, que je n'ai pas été beaucoup plus heureuse que toi; j'ai aussi écrit à maman de me faire revenir; si maman le veut bien, nous nous en retournerons ensemble. Dieu! que je serai contente de me retrouver près de maman! »

Et elle se mit à pleurer.

« Et moi donc! Serai-je heureux d'être chez nous! dit Innocent, qui pleura de compagnie avec sa sœur. Quel voyage, mon Dieu! Quel bonheur de le voir fini! »

Prudence sanglota. Pendant que tous trois versaient des larmes amères, la porte du parloir s'ouvrit et Coz entra suivi du portier.

« Pourquoi tous pleurer? s'écria Coz. Qui tourmenter Mam'selle, Mme Prude, M. Nocent? Moi quoi peux faire?

PRUDENCE.

Ce n'est rien, hi, hi, hi, mon bon Coz. Nous sommes, hi, hi, hi, très heureux.... Il n'y a, hi, hi, hi, rien à faire.

COZ.

Mme Prude tromper Coz; tous trois pas pleurer quand heureux. Coz pas bête; moi sais quoi c'est pleurer, quoi c'est souffrir.

INNOCENT.

Je vous assure, Coz, que nous pleurons de joie à la pensée de revenir bientôt chez nous; vous comprenez bien cela, n'est-ce pas?

— Oui, dit Coz avec tristesse; moi comprendre, mais moi jamais heureux comme vous; moi jamais revenir chez parents, amis, pays; jamais. Moi toujours seul, toujours triste; personne plaindre Coz; personne aimer Coz.

— Mon pauvre Coz, dit Prudence attendrie, Mam'selle et moi nous vous aimons beaucoup, et nous vous plaignons, je vous assure.

— Et vous partir, et moi rester; vous rire, et moi pleurer! répondit Coz.

— J'ai demandé à maman la permission de vous emmener, s'écria Simplicie avec empressement.

— Vrai, Mam'selle? Alors moi content. »

Et le visage de Coz s'éclaircit.

Le portier attendait à la porte la fin de ce dialogue; voyant qu'il se prolongeait, il fit quelques pas et présenta à Innocent une feuille de papier pleine de chiffres.

INNOCENT.

Que me donnez-vous là, père Frimousse?

« C'est la note de ce que vous avez consommé. »

LE PORTIER.

C'est la note de ce que vous avez consommé, Monsieur. Faut-il pas que je sois payé à la longue?

INNOCENT.

Moi! Je n'ai jamais mangé qu'une seule fois de

vos croquets, tartes, etc., et je n'ai aucune envie de recommencer.

LE PORTIER.

Pardon, excuse, Monsieur, mais tout cela a été consommé en votre nom, et je réclame le payement, profitant de la présence de Madame, qui tient sans doute les cordons de la bourse.

INNOCENT.

Je vous dis que je ne vous dois rien et que je ne vous payerai rien, par conséquent.

— Il est très fort, celui-là! Et ça ne se passera pas comme ça, mon petit Monsieur, dit le portier, le poing sur la hanche. Vous me payerez jusqu'au dernier sou; c'est moi qui vous le dis. Et je vais de ce pas me plaindre à M. Doguin, qui vous régalera d'une salade de retenues de récréation, promenades et sorties. Et nous verrons bien si je perdrai mes tartes, croquets, noix, pommes, tablettes et autres friandises! Vous me payerez, que je vous dis, et Madame ne sortira pas d'ici qu'elle ne m'ait tout payé ou fait une reconnaissance comme quoi qu'elle me doit trente-cinq francs vingt-cinq centimes; pas un sou de moins.

— Mon pauvre Monsieur Innocent, si vous les devez, avouez-le-moi, je payerai, dit Prudence à mi-voix.

INNOCENT,

Je t'assure, Prudence, que je ne dois rien du tout; c'est au contraire lui qui me doit trois francs et quelques sous sur une pièce de cinq francs.

— Seigneur! faut-il être méchant et menteur! » s'écria le portier.

Il ne put continuer, parce que Coz, le saisissant au collet, le secoua rudement en disant : » Toi

« Oui, je garderai la porte, grand vaurien. »

taire! toi partir! toi insolent pour M. Nocent et Mme Prude! Moi, Coz, veux pas! Va garder porte!

— Oui, je garderai la porte, grand vaurien, vilain roux; je la garderai si bien que ni toi ni tes maîtres vous n'en sortirez. Vous croyez que je me laisserai voler sans dire gare! que des méchants provinciaux peuvent venir gruger les gens de Paris, et puis, pst! disparaître! Vous verrez cela, vous verrez! »

Avant que Coz eût pu abaisser le poing qu'il avait levé sur la tête du portier, celui-ci s'esquiva et referma la porte sur lui.

« Monsieur Nocent, dit Coz, moi penser faut pas rester ici : maison mauvaise, portier voleur, garçons méchants; pas bon, ça. Mme Prude et moi emmener M. Nocent, c'est mieux.

— Que dira papa? On lui écrira que je me suis sauvé; il sera en colère.

— Non, non, Monsieur Nocent, papa pas colère, papa rien dire, papa trouver bon. Moi chercher habits, maîtres; Monsieur Nocent dire adieu et puis partir. »

Prudence trouvait bonne l'idée de Coz et donnait ses raisons à Innocent, quand le maître entra.

« Monsieur Gargilier, dit-il, le portier réclame l'argent que vous lui devez pour des friandises que vous avez eu tort d'acheter et de manger; mais parce qu'on a eu tort d'acheter, ça ne veut pas dire qu'on ne doive pas payer, et je m'étonne que vous refusiez un payement que la justice vous oblige à faire.

INNOCENT.

Je vous assure, Monsieur, que je ne dois rien au portier, et que je n'ai acheté qu'une fois quelques tartes et croquets que j'ai payés et sur lesquels il me redoit plus de trois francs.

M. DOGUIN.

Mon ami, je comprends que vous ayez peur d'avouer la dette devant Madame, qui pourrait en informer votre père; mais ce que vous faites n'est pas honnête, et il faudra bien que vous payiez.

PRUDENCE.

M. Innocent n'a pas peur de moi, Monsieur, et il sait bien que je n'irai pas rapporter de lui à son papa; je lui ai offert de payer l'argent que réclame votre portier, mais il a refusé, m'assurant qu'il ne devait rien.

INNOCENT.

Voyez vous-même la note, Monsieur. Comment pouvais-je lui acheter des tartes quand j'étais malade, à l'infirmerie? Voyez, tous les jours il y a une quantité de croquets, pommes, noix, tartes, et je ne pouvais ni bouger ni manger.

— C'est vrai, dit M. Doguin en examinant la note; il y a quelque chose là-dessous. Holà! père Frimousse!

— Voilà, Monsieur, répondit le portier, accourant à l'appel et croyant qu'il allait être payé par ordre du maître.

M. DOGUIN.

Père Frimousse, vous portez tous les jours sur votre note des objets achetés par M. Gargilier, et je suis sûr qu'il n'a pas bougé de l'infirmerie pendant plusieurs jours.

LE PORTIER.

Possible, Monsieur; je ne dis pas non.

M. DOGUIN.

Alors, comment a-t-il pu acheter les choses marquées sur votre note?

LE PORTIER.

Je n'ai pas dit, Monsieur, que ce soit par lui-même que M. Gargilier ait acheté mes friandises; c'est par procuration.

M. DOGUIN.

Quelle procuration? Par qui les a-t-il achetées?

LE PORTIER.

Par M. Félix Oursinet, Monsieur.

INNOCENT.

Je n'ai jamais chargé Oursinet d'un achat.

LE PORTIER.

Pardon, excuse, Monsieur. M. Félix est venu me demander un crédit pour faire affaire avec vous, et à preuve qu'il m'a donné cinq francs pour commencer.

INNOCENT.

Oursinet est un fripon. Je prie Monsieur le chef d'institution de vouloir bien le faire venir.

M. DOGUIN.

Père Frimousse, amenez-moi Oursinet. »

Le portier s'empressa d'obéir; plein d'inquiétude pour le payement de sa note, il ne fut pas longtemps à faire comparaître devant le maître celui qu'il soupçonnait déjà d'avoir abusé de sa bonne foi.

« Savez-vous pourquoi on me demande? demanda Oursinet.

— Comment puis-je savoir? Pour vous donner une sortie de faveur, peut-être.... Attrape, se dit-il en lui-même; tu vas avoir une bonne danse, et moi je te secouerai jusqu'à ce que j'aie retrouvé mes trente-cinq francs vingt-cinq centimes. »

Ils entrèrent au parloir. Quand Oursinet vit Innocent, il devina ce qui allait arriver et voulut payer d'audace.

« Monsieur m'a demandé? dit-il d'un air patelin.

M. DOGUIN.

Oui, Monsieur Oursinet; nous avons besoin de vous pour éclaircir une affaire plus que désagréable pour vous.

OURSINET.

Je devine ce que vous allez me dire, Monsieur; c'est le père Frimousse qui réclame trente-cinq francs de Gargilier.

LE PORTIER.

Trente-cinq francs vingt-cinq centimes, Monsieur.

OURSINET.

Et Gargilier ne veut pas les payer?

INNOCENT.

Pourquoi payerais-je ce que je ne dois pas? Toi qui as pris tout cela chez le père Frimousse, tu sais bien que je ne t'en ai jamais chargé et que c'est toi-même qui as tout mangé, si tu les as pris. »

Oursinet sourit et ne répondit pas.

M. DOGUIN.

Répondez nettement, Oursinet. Avez-vous pris

pour le compte de Gargilier les objets portés sur la note du père Frimousse?

OURSINET.

Sans vouloir examiner la note, ce qui est inutile, vu la probité reconnue du père Frimousse, je puis répondre très nettement oui.

M. DOGUIN.

Et pourquoi avez-vous pris au nom de Gargilier ce qui n'était que pour vous, pour satisfaire votre gourmandise?

OURSINET.

Je n'ai rien pris pour moi, Monsieur. J'ai tout pris pour Gargilier.

M. DOGUIN.

Oui, mais pour le dévorer comme un glouton et sans lui en parler.

OURSINET.

Pardon, Monsieur, c'est Gargilier qui recevait et qui mangeait tout.

— Menteur! s'écria Innocent en bondissant de dessus sa chaise. Je ne t'ai seulement pas vu pendant que j'étais à l'infirmerie, et le reste du temps je ne t'ai pas dit trois paroles.

OURSINET.

Écoute, Gargilier, le père Frimousse ne t'oblige pas à payer tout de suite; il sait bien que nous autres élèves nous n'avons pas toujours trente-cinq francs sous la main....

LE PORTIER.

Trente-cinq francs vingt-cinq centimes, Monsieur.

OURSINET.

Et je suis fâché qu'il t'ait réclamé cette somme devant tout le monde; je comprends que tu ne veuilles pas l'avouer. Laissez-nous, père Frimousse, ajouta-t-il tout bas, j'arrangerai cela.

— Tu es un calomniateur, un menteur et un voleur! s'écria Innocent hors de lui. Restez, restez, père Frimousse; je prie M. le chef d'institution de s'informer auprès de l'infirmière et auprès de mes camarades si l'on m'a vu manger ou distribuer une seule fois des friandises; et si, au contraire, nous ne nous sommes pas étonnés de voir Oursinet revenir de chez le portier les mains et la bouche pleines à chaque récréation. Au reste, je déclare à Monsieur le chef d'institution que si le mensonge et la déloyauté d'Oursinet ne sont pas prouvés, je suis prêt à tout payer, quoique je ne le doive pas, parce que je ne veux pas que le pauvre père Frimousse perde à cause de moi une somme aussi considérable.

— Vous êtes un brave garçon, Monsieur, s'écria le portier. Si c'est M. Oursinet qui a voulu nous attraper vous et moi, il faudra bien qu'il me paye, car je m'adresserai à ses parents.

— C'est moi qui me charge de débrouiller votre affaire, père Frimousse, dit le maître; mais à l'avenir je vous défends expressément de faire crédit à aucun des élèves. Je vais m'occuper de l'enquête, Monsieur Gargilier; dans un quart d'heure je vous en rendrai compte. Attendez-moi tous ici. »

Le maître sortit, laissant dans l'anxiété les acteurs de la scène. Innocent avait peur que les élèves, par haine contre lui, ne rendissent de faux témoignages. Oursinet tremblait que les élèves, n'étant pas prévenus, ne dissent l'exacte vérité, et que sa culpabilité ne fût par là clairement démontrée. Le père Frimousse s'inquiétait encore de ses trente-cinq francs vingt-cinq centimes, dont les parents d'Oursinet pouvaient refuser le payement. Prudence se désolait de voir son jeune maître faussement accusé. Simplicie s'ennuyait d'être retenue si longtemps au parloir. Cozrgbrlewski contenait difficilement sa colère contre le calomniateur, qu'il aurait volontiers mis en pièces, et contre le portier insolent qui osait soupçonner la véracité d'Innocent. Ses yeux exprimaient une telle fureur, que le père Frimousse et Oursinet s'éloignèrent par instinct jusqu'au coin le plus reculé du parloir. Le maître ne tarda pas à rentrer. Il était grave et sévère.

« Monsieur Gargilier, approchez. »

Innocent vint se placer devant lui, le regard calme, le front haut.

« Monsieur Oursinet, venez. Monsieur, venez donc. »

Oursinet s'approche lentement, la tête inclinée, les yeux à demi baissés.

Coz fait quelques pas; ses yeux lancent des éclairs.

« Monsieur Gargilier, votre innocence est parfaitement reconnue. Il m'a été démontré que

« Monsieur Oursinet, il m'est prouvé que vous êtes un menteur. » (Page 323.)

Félix Oursinet s'est servi de votre nom pour dévorer des masses de friandises, et que vous ne devez rien au père Frimousse. »

Coz se retire au fond de la chambre.

« Monsieur Oursinet, il m'est prouvé que vous êtes un menteur, un voleur, un lâche calomniateur; que votre présence est une humiliation pour vos camarades et une honte pour ma maison; en conséquence, je vais vous faire conduire au cachot et je vais faire prévenir vos parents afin qu'ils viennent vous chercher dès ce soir. »

Coz se frotte les mains.

« Grâce! grâce! Monsieur, s'écria Oursinet tombant à genoux. Ne dites rien à mes parents, je vous en supplie; ils me battront, ils m'enfermeront....

— Lâche! dit le maître avec indignation, vous tremblez devant la punition que vous avez si bien méritée, et vous n'avez pas craint de faire passer Gargilier pour un gourmand, un menteur, un trompeur. Votre terreur ne m'inspire aucune pitié.

— Dégoûtant! dégoûtant! dit Coz à mi-voix.

— Père Frimousse, menez Oursinet au cachot de la petite cour. Vous lui porterez du pain et de l'eau pour son dîner. »

Le père Frimousse saisit Oursinet par le collet, et, malgré sa résistance, il le mena au cachot désigné, sombre réduit à peine éclairé par une lucarne, n'ayant pour meubles qu'un lit de planches avec une couverture, une table, une chaise et la vaisselle strictement nécessaire pour une si triste demeure.

« Madame, dit le maître à Prudence, j'ai écrit il y a peu de jours à M. Cargilier pour l'engager à retirer son fils de chez moi; sa position n'est plus tenable, les élèves l'ayant pris en grippe. Malgré la plus grande surveillance, il est impossible d'empêcher des scènes déplorables, comme celles dont il vous a sans doute rendu compte. Je crois dangereux pour lui de prolonger son séjour dans ma maison, et je vous demande, dans son intérêt, de le retirer le plus tôt possible. La scène d'aujourd'hui va s'ébruiter, va être interprétée méchamment pour lui par ses camarades, et il pourrait y avoir encore quelque complot qui éclaterait un de ces jours.

Il saisit Oursinet.

— Je l'emmènerai tout de suite, Monsieur, tout de suite, s'empressa de répondre Prudence, terrifiée.

— Oh! ce n'est pas pressé à ce point, reprit le maître en souriant; il sera temps demain; d'ici là je ferai préparer son paquet.

— Oui, j'aime mieux ne partir que demain, dit Innocent, parce qu'aujourd'hui nous devons aller à l'école de natation; cela m'amusera et me fera du bien.

— A demain donc, mon pauvre petit maître; prenez bien garde à vos méchants camarades. Coz et moi, nous viendrons vous prendre demain, à l'heure que vous voudrez.

— A midi, avant la récréation, dit Innocent.

— C'est bien; à midi nous serons ici. »

Et l'on se sépara.

XXII

LE BAIN

A quatre heures, les élèves devaient aller au bain; la saison était un peu avancée, mais il faisait encore très chaud, et c'était toujours une grande joie quand on y allait : d'abord c'était du nouveau, ensuite il y avait une grande heure d'étude de moins. Innocent avait désiré se donner ce dernier petit plaisir; et chacun sait que les plaisirs sont rares en pension. On arriva aux bains; on assigna des cabinets aux élèves répartis par groupes. Innocent se trouva avec trois ennemis et quatre amis. de sorte qu'il se crut bien protégé. On se déshabilla, on revêtit le caleçon, chacun accrocha ses vêtements au clou désigné, et on se lança dans l'immense bassin. Innocent savait un peu nager, de sorte qu'il se dirigea vers la partie profonde du bassin; plusieurs élèves de sa classe s'y trouvaient.

« Une passade à Gargilier! » dit l'un d'eux.

« Hop! » Il appuya ses mains sur la tête d'Innocent et le fit aller au fond.

« Une passade à Gargilier! » dit le second en le voyant revenir sur l'eau.

— Une passade à Gargilier! » dit un troisième.

Innocent s'enfonçait, se débattait, revenait sur l'eau, cherchait à reprendre sa respiration, replongeait de nouveau; à la quatrième passade, il était haletant, il étouffait; il faisait des efforts inouïs pour pousser un cri, un seul, espérant être entendu de ses amis, mais on ne lui en donnait pas le temps. Les petits malheureux, qui ne voyaient pas le danger de ces passades multipliées, ne cessaient de le faire plonger et replonger; son air de détresse, ses mouvements convulsifs les amusaient au lieu de les toucher. Enfin, à une dernière passade, Innocent ne revint plus sur l'eau; il flottait au fond, ayant perdu connaissance. A ce moment les grands élèves arrivaient; Paul sentit un corps que ses pieds repoussaient; il plongea et retira le pauvre Innocent les yeux fermés, les mains crispées.

« Au secours! cria-t-il; au secours! Gargilier est noyé! »

Vingt élèves et les maîtres arrivèrent près de Paul et l'aidèrent à ramener sur le plancher le corps d'Innocent. On le porta dans la cabine des noyés, où les secours en usage lui furent prodigués : frictions, cendres chaudes, etc. Ce ne fut qu'après une demi-heure des soins les plus assidus qu'il donna quelques signes de vie; bientôt il ouvrit les yeux, mais les referma aussitôt. Le médecin qui présidait

Et on se lança dans l'immense bassin. (Page 327.)

au sauvetage le saigna au bras ; le sang coula, donc il vivait et il était sauvé. Le chef de pension, qu'on avait été prévenir et qui venait d'arriver, passa de l'inquiétude à la joie ; il ne tarda pas à voir Innocent revenir tout à fait à la vie, parler et vouloir se lever. Le maître le fit envelopper dans des couvertures et emporter dans une voiture qui l'attendait. Ce fut encore à l'infirmerie qu'on le déposa en rentrant à la pension. Innocent songea avec bonheur que c'était sa dernière nuit à passer dans cette maison qu'il avait tant désiré habiter, et qui avait été pour lui un lieu de torture et de misère.

Il remercia Dieu de l'avoir sauvé de ce dernier danger, et, en témoignage de sa reconnaissance, il résolut de rendre le bien pour le mal et de ne nommer aucun des élèves qu'il avait parfaitement reconnus, et qui avaient manqué le faire périr. Cette résolution lui coûta beaucoup, mais il n'y faillit pas, et quand le chef d'institution et le maître d'étude vinrent le lendemain savoir de ses nouvelles et le questionner sur l'accident dont il avait été victime, il répondit vaguement qu'il avait perdu connaissance sans savoir comment.

LE MAÎTRE.

Mais de plus jeunes élèves ont dit depuis avoir vu vos camarades vous donner des passades, et les recommencer dès que vous reveniez sur l'eau.

INNOCENT.

C'est possible ; quand on est dans l'eau, on n'a pas le sentiment bien clair de ce qui se passe ; j'ai enfoncé, j'étouffais, et puis je me suis évanoui.

LE MAÎTRE.

Mais vous avez dû reconnaître ceux qui vous entouraient quand vous avez enfoncé.

INNOCENT.

Je n'ai regardé personne; je m'amusais à nager et je ne faisais pas attention aux autres.

LE MAÎTRE.

Je vois que vous ne voulez nommer personne; c'est bien généreux à vous vis-à-vis de ces mauvais garnements. »

Innocent ne répondit pas; il remerciait le bon Dieu de lui avoir donné le courage de cette générosité. Le maître le quitta en lui serrant la main.

Il avait passé une assez bonne nuit; il allait bien, de sorte que le médecin lui permit de se lever, de déjeuner et de se préparer à quitter la maison. Quand Prudence et Coz arrivèrent, Innocent leur raconta l'accident de la veille; Prudence faillit tomber à la renverse de frayeur et de chagrin. Elle alla toute tremblante régler ses comptes avec le maître, qui lui témoigna sa satisfaction de voir emmener Innocent.

« J'étais désolé, dit-il, de ne pas vous l'avoir laissé emmener hier, quand je l'ai vu encore une fois victime de la méchanceté de ses camarades. Le voilà de nouveau hors d'affaire; gardez-le à la maison, croyez-moi, et ne le laissez plus remettre en pension ni au collège : il y sera toujours le jouet des autres. »

Coz avait mis les effets d'Innocent dans la voiture; Prudence y monta avec son jeune maître;

Une passade à Gargilier. (Page 328.)

Coz prit sa place accoutumée sur le siège, et, quelques minutes après, Mme de Roubier avait un hôte de plus.

XXIII

VISITE IMPRÉVUE

Simplicie était restée seule à la maison; elle préparait l'appartement pour la réception de son frère, dont elle attendait le retour avec impatience. Des pas se firent entendre sur l'escalier.

« C'est Innocent, je reconnais son pas, dit Simplicie en courant joyeusement ouvrir la porte. C'est toi, Innocent?... Ah! »

Et Simplicie, terrifiée, repoussa la porte et alla se cacher dans le lavoir.

La porte ne tarda pas à se rouvrir; les mêmes pas se firent entendre dans l'appartement, mais plus précipités; Simplicie entendait aller, venir, chercher, fureter. Plus morte que vive, elle se gardait bien de bouger, car, en courant au-devant d'Innocent, elle avait vu apparaître sa tante, accompagnée de Boginski.

MADAME BONBECK.

Où diable a-t-elle passé? Cherchez donc, Boginski.

Vous êtes là comme un bonhomme de plâtre ; regardez partout, ouvrez tout.

BOGINSKI.

Je vois rien, Mâme.

MADAME BONBECK.

Voyez dans ce cabinet ; c'est un sale lavoir, elle y est peut-être. »

Boginski entra, aperçut Simplicie blottie dans un coin ; elle joignait les mains d'un air suppliant pour qu'il ne la dénonçât pas. Boginski, qui était bon garçon et qui savait combien elle serait malheureuse si sa tante la reprenait, fit un petit signe rassurant à Simplicie, eut l'air de chercher partout, remua les marmites, les casseroles ; il mit une marmite sur la tête de Simplicie, un balai devant ses jambes, il accrocha un torchon à la marmite.

« Rien, dit-il, personne ; c'est étonnant ! »

Et il sortit du lavoir. Mme Bonbeck le regarda et, le menaçant du doigt :

« Je crois que tu me trompes, mon garçon ; laisse-moi y aller voir moi-même. »

Elle entra, regarda partout, ne vit rien, sortit et allait partir, quand un bruit retentissant la fit rentrer dans le cabinet, où elle aperçut par terre Simplicie, que la peur et l'émotion venaient de faire tomber en faiblesse ; la marmite avait dégringolé, le balai avait roulé, et Simplicie apparut aux yeux courroucés de sa tante.

« Je suis donc un diable, un Satan ! Est-ce ainsi qu'on se comporte envers sa tante ? Allons, sors de là, je te pardonne ; mets ton chapeau et viens avec moi.

— Non, non, je ne veux pas. Boginski, pour l'amour de Dieu, sauvez-moi, ne me laissez pas emmener ! gardez-moi jusqu'à l'arrivée de Prudence et de Coz, qui sont allés chercher Innocent. »

Mme Bonbeck s'élança vers sa nièce pour la saisir et l'emmener de force ; mais Boginski se plaça devant Simplicie :

« Non, non, Mâme Bonbeck, moi pas laisser prendre par force pauvre enfant. Pas bien, ça, non, pas bien.

— Drôle, cria Mme Bonbeck, misérable ingrat ! »

Et, se jetant sur Boginski, elle voulut passer ; il la repoussa doucement ; elle l'accabla d'injures, de coups ; il supporta tout et ne bougea pas d'une semelle.

Elle regarda partout.

« Pas bien, Mâme Bonbeck, pas bien Battre

moi, ça fait rien, moi pas faire mal ; mais battre enfant, c'est mauvais. Pauvre petite ! elle a peur ; veut pas venir, veut rester ; faut la laisser.

— Animal ! dit Mme Bonbeck en s'éloignant, je te croyais plus plat. J'aime mieux ça ; je n'aime pas les gens qui me cèdent toujours. Vous avez raison, mon ami, il faut laisser cette péronnelle. Qu'en ferais-je, au total ? Qu'elle aille au diable ! ça m'est parfaitement égal. »

Mme Bonbeck regarda Simplicie avec dédain, et, tournant les talons, elle marcha vers la porte d'entrée.

« Ouvrez », dit-elle à Boginski.

Boginski ouvrit et attendit pour la laisser passer.

« Passez donc, puisque vous êtes là », continua-t-elle.

Boginski passa. Il n'eut pas plus tôt franchi le seuil, que Mme Bonbeck poussa la porte avec violence, mit le verrou et se retourna vers Simplicie d'un air de triomphe :

« Te voilà prise, ma fille ; pas moyen d'échapper à la vieille tante. Ce que je veux, je le veux bien ! Sera bien fin celui qui m'attrapera…. Vas-tu finir ton train, toi, Polonais ? cria-t-elle à Boginski, qui frappait à la porte. Oui, oui, tambourine, mon garçon, démène-toi. Ah ! ah ! ah ! je les tiens à présent ! »

Boginski criait, appelait, frappait ; Mme Bonbeck riait, jurait et se frottait les mains. La malheureuse Simplicie, consternée, pâle comme une morte, tremblant de tous ses membres, n'osait ni répondre aux cris de Boginski ni faire un mouvement. Mme Bonbeck la regardait avec un rire moqueur; elle se plaça devant elle, les bras croisés; Simplicie recula jusqu'au mur, sa tante la suivit jusqu'à ce que ses bras, qu'elle tenait toujours croisés, touchassent à la poitrine de Simplicie.

« N'aie pas peur, je ne te battrai pas (ses yeux lançaient des éclairs). Je ne suis pas en colère; je veux seulement te faire voir que je ne me laisse pas jouer comme un enfant, que Boginski ne peut m'empêcher de faire ce que je veux, et que s'il me plaît de t'emmener, je t'emmènerai. »

Elle aperçut Simplicie par terre.
(Page 338.)

Simplicie poussa un cri, auquel répondit un cri sauvage; elle reconnut la voix de Coz.

« Au secours! au secours! cria-t-elle. Coz, sauvez-moi! »

Mme Bonbeck la saisit dans ses bras vigoureux

malgré son âge, la poussa dans la seconde chambre, dont elle verrouilla la porte, ouvrit une porte qui donnait sur un petit perron, et voyant qu'il n'y avait personne dans la cour, elle empoigna Simplicie, sauta les trois marches du perron, la tenant toujours et l'entraînant après elle, et courut à la voiture qui l'avait amenée ; elle y poussa Simplicie, y monta elle-même, et ordonna au cocher de retourner ue Godot, 15. Le cocher partit, et Simplicie se trouva encore une fois au pouvoir de sa tante. Son désespoir fut terrible ; son imagination lui représenta les scènes les plus affreuses ; elle sanglotait, et se tordait les bras.

« Simplette, dit Mme Bonbeck d'une voix radoucie, je t'ai cherchée partout le lendemain de la scène où je t'avais battue ; je ne t'ai pas trouvée puisque tu t'étais sauvée. Boginski et moi, nous t'avons cherchée à la pension, où l'on ne t'avait pas vue, chez Mme de Roubier, où l'on n'a jamais voulu me laisser entrer, malgré tout ce que j'ai pu faire. J'ai été fâchée de ta fuite ; j'ai craint de te laisser sans autre protection qu'une sotte Bretonne et un rustre Polonais. J'ai vu en retournant à la pension, il y a une demi-heure, descendre de voiture Prude et Coz ; je suis accourue ici, te sachant seule ; je t'ai demandée poliment au concierge, il m'a indiqué ta porte et c'est toi qui m'as ouvert. Maintenant écoute-moi : je ne veux pas que tu restes à la charge de Mme de Roubier ; je suis ta tante, et c'est chez moi que tu dois demeurer, et tu y demeureras.... Oh ! tu as beau gigoter et sangloter, tu y viendras, et tu vivras seule avec moi ; je ne veux pas de Prude, qui te gâte et qui te laisse faire des sottises. Je ne veux pas de Coz, qui a aidé à ta fuite, et je ne veux pas d'Innocent, qui est un sot. Je te promènerai moi-même, je te ferait travailler...

— Et moi, je me tuerai si papa me laisse chez vous !

— Ta, ta, ta ! on ne se tue pas pour si peu de chose ; mais nous voilà arrivées ; descends et monte l'escalier pendant que je paye le cocher. »

Mme Bonbeck, qui avait été si fine avec Boginski, le fut moins avec Simplicie ; celle-ci ne fut pas plus tôt descendue de voiture, qu'elle partit comme une flèche et courut vers le boulevard ; Mme Bonbeck, ébahie, appela d'abord, voulut courir ensuite, mais le cocher l'arrêta.

« Mon argent, s'il vous plaît, bourgeoise.

Elle empoigna Simplicie.

— Je vous payerai tout à l'heure, mon ami....

— Du tout, du tout! Je connais ces rubriques! On se fait voiturer, puis on s'arrange pour disparaître sans payer.

— Malheureux! tu vas me faire perdre ma nièce! la voilà qui tourne sur le boulevard!

— Eh bien! il n'y a pas de mal; elle n'avait pas déjà l'air si joyeux quand vous l'avez jetée dans ma voiture comme un paquet de linge sale.

— Misérable! je te dis....

— Il n'y a pas d'injures qui tiennent! Vous avez la langue bien pendue, mais je n'écoute pas tout ça, moi. Il me faut mes deux francs pour l'heure, et je ne vous lâche pas que vous ne me les ayez versés dans la main que voici. »

Et le cocher, maintenant fortement le bras de Mme Bonbeck, lui présentait la main restée libre.

Le cocher la maintenait.

Mme Bonbeck jura, tapa des pieds, mais paya. Il était trop tard pour courir après Simplicie ; elle rentra de fort mauvaise humeur, s'en prenant à tout le monde de sa mésaventure, et se promettant de faire repentir Boginski de la part qu'il y avait prise.

XXIV

RETOUR DE PRUDENCE ET DE COZ

Pendant que Simplicie se trouvait au pouvoir de Mme Bonbeck, Coz et Prudence, informés par Boginski de ce qui s'était passé, employaient leurs efforts réunis pour briser la porte ou faire sauter la serrure afin de délivrer Simplicie, dont ils avaient entendu le cri de détresse. Prudence courut chercher du renfort; elle ne trouva que le concierge, qui monta précipitamment avec une seconde clef de l'appartement. La clef tourna, mais le verrou était mis; comment l'ouvrir? Coz, désespéré, donna un si vigoureux coup d'épaule que la porte tomba : toute la ferrure s'était brisée; ils se précipitèrent dans l'appartement, personne; ils ouvrirent la porte de la chambre à coucher, personne encore; mais la porte du perron, restée ouverte, leur apprit l'enlèvement de la malheureuse Simplicie. Tous restèrent consternés.

« Je cours, dit enfin Boginski ; Màme Bonbeck emporté pauvre Mam'selle, moi la rapporter. »

Prudence pleurait, Innocent se désolait ; Coz restait pensif, les bras croisés, la tête baissée.

« Màme Prude, dit-il d'un air résolu, moi vous aider. Moi courir chez Bonbeck, moi demander Mam'selle ; si Bonbeck pas vouloir donner, moi tout casser, ouvrir portes, arracher Mam'selle et amener ici.

PRUDENCE.

C'est impossible, mon pauvre Coz : Mme Bonbeck porterait plainte contre vous, et comme Polonais, vous seriez condamné et puis chassé hors de France.

COZ.

Moi pas vouloir quitter France ; moi rester chez papa de Mam'selle et M. Nocent. Alors, moi quoi faire pour aider ?

PRUDENCE.

Attendons le retour de Boginski ; peut-être nous la ramènera-t-il.

COZ.

Et si pas ramener ?

PRUDENCE.

Alors j'écrirai à M. Gargilier pour qu'il vienne tirer ma pauvre petite maîtresse des griffes de cette femme abominable, et nous retournerons tous à Gargilier.

COZ.

Dieu soit béni quand être à Gargilier ! »

Coz se résigna à attendre ; Prudence le chargea

d'avoir soin d'Innocent pendant qu'elle irait informer Mme de Roubier de ce qui venait d'arriver, et lui demander conseil sur ce qu'il y avait à faire pour ravoir Simplicie.

Boginski courait à la rue de Godot, pendant que Simplicie courait à la rue de Grenelle. Elle avait souvent parcouru la distance qui la séparait de Mlles de Roubier; elle s'était promenée plusieurs fois aux Tuileries, de sorte qu'elle trouva facilement son chemin; elle traversait les Tuileries comme une flèche, lorsqu'elle se sentit arrêtée; un sergent de ville l'avait saisie par le bras : il la prenait pour une voleuse qui s'échappait.

« Où courez-vous donc si vite, la belle? On dirait que vous avez cent diables à vos trousses.

— Oh! laissez-moi, laissez-moi! elle va venir, elle va me reprendre; elle me battra, me tuera, dit Simplicie avec détresse.

— Qui cela, elle? dit le sergent de ville surpris.

— Elle, ma tante! Oh! je vous en prie, laissez-moi. Si elle m'attrape, je suis perdue.

— Au contraire, la belle, vous êtes retrouvée.

— Au secours! laissez-moi; je veux voir ma bonne.

— Où est-elle votre bonne? Pourquoi vous êtes-vous sauvée de votre bonne?

— Je ne me suis pas sauvée, c'est ma tante qui m'a volée; ma bonne est chez Mme de Roubier.

— Mme de Roubier? Dans la rue de Grenelle?

— Oui, oui, 91; c'est là où je demeure, où je veux aller.

« — Tiens ! c'est singulier, dit le sergent de ville à mi-voix ; elle n'a pourtant pas la mine d'appartenir à une bonne maison, cette petite. »

Il ne savait trop s'il devait la laisser aller ou la retenir, lorsque Simplicie poussa un grand cri, donna une secousse si violente que le sergent de ville la laissa échapper, et elle reprit sa course avec plus de vitesse qu'auparavant, criant :

« Au secours ! Boginski, ramenez-moi ! »

Le sergent de ville courut après elle de toute la vitesse de ses jambes, et parvenait à la saisir au moment où Simplicie tombait haletante et demi-morte dans les bras de Boginski.

La foule, qui s'était déjà amassée autour d'eux pendant le premier interrogatoire du sergent de ville, et qui courait avec lui pour assister à la fin de cette scène étrange, se rassembla plus compacte, et écouta avec intérêt les explications de Boginski et les paroles entrecoupées, les exclamations joyeuses de la pauvre Simplicie.

« Pauvre Mam'selle ! dit Boginski quand elle fut un peu remise de son émotion, Mme Prude là-bas, attendre désolée. Nous croire Mam'selle chez Mme Bonbeck ; moi courir pour arracher pauvre Mam'selle. Comment Mam'selle ici ?

— Je me suis sauvée pendant que ma tante payait le cocher, et j'ai couru, couru si vite, que j'étouffais. C'est que j'avais si peur de la voir arriver ! »

Le sergent de ville se retira et fit faire place à Simplicie et à Boginski, qui se dirigèrent vers le pont Royal et la rue du Bac. Boginski rentra triomphant dans le petit appartement où l'attendaient tristement Prudence, Innocent et Coz. Le retour de Simplicie fut accueilli par des cris de joie; Prudence l'embrassa à l'étouffer; Innocent lui témoigna plus d'affection qu'il ne l'avait jamais fait. Coz, en la voyant, fit un bond de joie, la saisit dans ses bras et la porta dans ceux de Prudence. On envoya Boginski prévenir Mme de Roubier de l'heureux retour de Simplicie. Prudence voulut fêter cet agréable événement par un bon repas; elle leur servit à dîner un gâteau excellent, surmonté d'une crème vanillée et entourée d'une muraille de fruits confits; elle y ajouta une bouteille de frontignan-muscat pour célébrer la rentrée en famille d'Innocent et le retour de Simplicie. Ils invitèrent Boginski à dîner; celui-ci prit sa large part du festin, puis il retourna chez Mme Bonbeck.

Il ne restait qu'à préparer le coucher d'Innocent; Coz lui donna son lit, qu'il transporta dans la première pièce faisant salon.

« Et vous, où coucherez-vous, Coz? lui demanda Prudence.

— Moi coucher par terre; moi habitué, moi dormir partout.

— Mais vous aurez froid?

— Moi rouler dans manteau; pas froid, pas mauvais, très bon. »

Il fit comme il l'avait dit, et il dormit si bien, qu'il ronfla plus fort que jamais.

Trois jours se passèrent encore et l'on ne recevait

aucune réponse ni de M. ni de Mme Gargilier. Prudence s'inquiétait de ce silence; Innocent et Simplicie s'ennuyaient; Coz était triste : il craignait qu'on ne le laissât à Paris; il redoublait de soins et d'activité pour se faire accepter. Prudence l'élevait aux nues; Simplicie et Innocent ne pouvaient plus s'en passer et lui donnaient toutes les assurances possibles de son engagement chez leur père.

Le quatrième jour de l'arrivée d'Innocent, le facteur entra :

« Une lettre pour Mme Prudence, trente centimes. »

Prudence paya, ouvrit la lettre; elle était de M. Gargilier. Les enfants étaient aussi impatients que Prudence de savoir le contenu de la lettre.

« Lis tout haut, je t'en prie », s'écrièrent-ils.

Prudence lut ce qui suit :

« Ma chère Prudence,

« Ma femme et moi, nous avons été passer dix jours chez mon frère, et hier, à notre retour, nous avons trouvé les lettres des enfants, la vôtre et celle du maître de pension. Ne perdez pas un jour, pas une heure, pas une minute pour retirer notre pauvre Innocent de cette maison où l'ont fait entrer son entêtement et ma faiblesse. Quant à Simplicie, je ne veux pas non plus qu'elle reste chez ma sœur; depuis quinze ans que nous vivons, ma sœur à Paris, moi à la campagne, il paraît que son humeur violente a fait des progrès déplorables. J'accorde donc à Simplicie comme à Innocent le pardon de leur conduite absurde, et je les attends avec une impatience égale à la leur. Je n'aurais jamais consenti à la séparation qu'ils désiraient si ardemment, si j'avais pu deviner les peines et les souffrances qui en résulteraient pour eux et pour vous, ma pauvre Prudence, si dévouée, si attachée à mes enfants et à ma maison. Je voulais partir moi-même pour les ramener, mais ma femme s'est donné une entorse en descendant de voiture; elle ne peut pas bouger, et je reste près d'elle pour la soigner et la distraire. Arrivez le plus tôt possible et tâchez de trouver un homme sûr pour vous accompagner jusqu'à Gargilier. C'est à vous de voir si la personne que Simplicie nomme dans sa lettre mérite confiance. Adieu, ma bonne Prudence : embrassez bien tendrement pour nous les chers enfants. Je ne regrette pas d'avoir cédé à leurs désirs, puisque la leçon a été bonne et complète et qu'ils me reviennent meilleurs qu'ils ne sont partis. Dites-leur que nous leur pardonnons de grand cœur leur sotte équipée, et remerciez Mme de Roubier de l'hospitalité qu'elle a bien voulu accorder à ma pauvre petite folle Simplicie. Je vous embrasse, ma bonne Prudence, avec tout l'attachement que vous méritez si bien. J'écris à ma sœur pour la prévenir de ma détermination.

« HUGUES GARGILIER. »

« Quel bonheur! Oh! Prudence, que je suis heureuse! Je reverrai ma pauvre chère maman et mon pauvre papa! »

Et Simplicie fondit en larmes. Innocent partagea sa joie et son attendrissement. Prudence rayonnait; Coz seul restait triste et silencieux.

« Eh bien! mon pauvre Coz, qu'avez-vous? Vous n'êtes pas content des bonnes nouvelles que nous donne Monsieur?

— Pourquoi moi content? Moi voir partir et moi aimer vous tous! Moi rester seul, triste! triste! et personne pour consoler pauvre Coz....

— Mon pauvre ami, mais vous n'avez donc pas entendu que Monsieur me dit que si l'homme indiqué par Mam'selle Simplicie mérite confiance, il nous ramènera; cet homme, c'est vous! C'est vous qui nous ramènerez à Gargilier.

— Moi confiance? moi ramener? moi rester? moi pas quitter? Merci, Madame Prude! merci Mam'selle! merci, Monsieur! »

Et, en disant ces mots, Coz riait, tournait comme un toton, étouffait Prudence, secouait les bras de Simplicie, écrasait les mains d'Innocent; il était fou de joie; il demandait à partir tout de suite, de peur qu'on ne changeât d'avis. Prudence eut quelque peine à lui faire comprendre qu'il fallait attendre au lendemain.

« Il nous faut le temps de faire nos paquets, dit-elle.
— Moi faire tout en une heure, répondit Coz.

PRUDENCE.

Il faut faire nos adieux à Mme de Roubier, la remercier de ses bontés.

COZ.

Cela pas long; moi dire pour vous.

PRUDENCE.

Non, ce ne serait pas poli ; nous devons y aller nous-mêmes et à une heure convenable de l'après-midi. Et puis, il faut que nous menions les enfants dire adieu à leur tante.

— Ah ! s'écrièrent les enfants avec effroi, je ne veux pas y aller ! j'ai trop peur.

PRUDENCE.

Avec moi et Coz, il n'y aura aucun danger.

SIMPLICIE.

Mais si elle m'enferme comme l'autre jour ?

PRUDENCE.

Elle ne le peut plus, maintenant que votre papa vous redemande et qu'il le lui a écrit.

SIMPLICIE.

Mon Dieu ! mon Dieu ! quelle terrible visite ! C'est heureusement notre dernière corvée à Paris. »

Prudence, aidée de Coz et des enfants, emballa tous leurs effets ; ceux de Coz ne prirent pas beaucoup de place ; il n'avait emporté de chez Mme Bonbeck qu'un peu de linge qu'il avait acheté avec les trente sous que lui donnait chaque jour le gouvernement, et une paire de chaussures ; du reste il ne possédait que les habits dont il était vêtu.

Après le déjeuner de midi, Prudence mena les enfants chez Mme de Roubier, qui leur dit des choses fort aimables, et approuva beaucoup le changement qui s'était opéré en eux.

« Je vous assure, Simplicie, dit-elle, que je ne vous ferais plus aujourd'hui les reproches que je vous ai adressés il y a quinze jours ; vous vous êtes corrigée de vos défauts, et je suis sûre que lorsque nous vous reverrons à la campagne l'année prochaine, vous serez aussi gentille, simple, bonne et aimable que vous l'étiez peu jadis. Il en est de même pour Innocent : ses malheurs au pensionnat ont servi à l'améliorer sensiblement. Adieu donc, mes enfants, au revoir à la campagne. Adieu, Prudence ; vous n'avez rien à gagner, vous : vous êtes aussi bonne et aussi dévouée qu'il est possible de l'être.

— Madame est mille fois trop bonne, répondit Prudence en faisant une profonde révérence, et très flattée des éloges adressés par Mme de Roubier à ses jeunes maîtres et à elle-même.

— Moi saluer bonne Madame, remercier bonne Madame », dit Coz, qui était entré inaperçu.

Mme de Roubier sourit et tendit la main à ce brave garçon, dont elle avait entendu faire un grand éloge par ses domestiques. Coz, enchanté, crut bien faire de serrer la main qu'elle lui présentait, et avec une telle force de reconnaissance, que Mme de Roubier poussa un cri, et, secouant sa main :

« Quelle vigueur de poignet, mon brave garçon ! dit-elle en riant. Un peu plus, vous me broyiez les os. »

Prudence fit signe à Coz de s'éloigner, ce qu'il fit avec une promptitude qui témoignait de son obéissance aux ordres de Prudence.

Après la visite à Mme et à Mlles de Roubier, Prudence et Coz menèrent les enfants chez Mme Bon-

Boginski avait la fièvre. (Page 350.)

beck, qu'ils trouvèrent fort mécontente de la fuite de Simplicie et de la lettre qu'elle venait de recevoir de son frère. Elle reçut les enfants moitié en colère, moitié riant; elle dit à Coz qu'il était un ingrat de l'avoir quittée.

« Pardon, Mâme Bonbeck; moi pas vouloir fâcher; mais moi aimer pauvre Mam'selle et bonne Mme Prude; moi triste quand voir battre pauvre Mam'selle, et colère quand Mâme Bonbeck battre Mme Prude. Elles besoin de Coz, vous pas besoin : vous avoir Boginski, plus savant que Coz; moi, en Pologne, domestique; lui, intendant.

— Ne me parlez pas de ce diable de Boginski, je n'en peux plus rien faire; il me met en colère dix fois par jour; je lui donne des tapes, des coups d'archet, c'est comme si je chantais. Il me dit de son air calme et imbécile : « Mme Bonbeck bonne « pour Boginski ; moi laisser battre si fait plaisir! » Animal! comme si cela pouvait m'amuser de battre une pareille bûche! Et ne voilà-t-il pas qu'hier il refuse de jouer du violon! Il se couche, il prétend qu'il a mal à la tête! Aujourd'hui je ne l'ai seulement pas vu! Allez donc voir, Coz, ce que fait cet imbécile; il n'a pas déjeuné. »

Coz alla voir et ne tarda pas à revenir, disant que son ami était malade, qu'il avait la fièvre et mal à la tête. Mme Bonbeck s'inquiéta, s'alarma, envoya chercher le médecin, s'établit près de son lit et le soigna jour et nuit pendant une semaine entière. Coz était parti avec Prudence et les enfants; le reste de la journée leur parut d'une longueur insupportable. Le lendemain à neuf heures, après avoir déjeuné, Coz alla chercher une voiture, et tous y montèrent, le cœur plein de joie.

XXV

CONCLUSION

Nos quatre voyageurs, heureux et radieux, prirent leurs places et s'installèrent dans un wagon ; aucun incident fâcheux ne contraria leur bonheur : leurs compagnons de route ne disaient rien et ne les gênaient pas. Prudence, toujours digne de son nom, avait emporté abondance de provisions ; la joie, au lieu de leur ôter l'appétit, le développa si bien, que le panier à ventre rebondi se trouva vide en arrivant. Du chemin de fer ils passèrent dans la diligence ; cette fois, ni Mme Courtemiche ni Polonais ne l'encombraient, et on descendit, sans autre aventure, à la ville où les attendait la voiture de M. Gargilier. Innocent et Simplicie manquèrent de sauter au cou du cocher, tant ils furent heureux de revoir un visage ami. Prudence l'embrassa sur les deux joues.

« Bonjour, mon cousin.

— Bonjour, ma cousine. »

En Bretagne comme en Normandie, on est cousin et cousine à trois lieues à la ronde, vu que les parentés ne se perdent jamais et que vingt générations ne détruisent pas le lien primitif du vingtième ancêtre.

Germain, le cocher, ayant Coz à sa gauche sur le siège, partit au grand trot; les chevaux s'animèrent, Germain perdit la tête, lâcha les guides; les chevaux s'emportèrent, allèrent comme le vent et auraient jeté la voiture dans un fossé de vingt pieds de profondeur, si Coz n'eût saisi les rênes, n'eût maintenu et calmé les chevaux et ne les eût remis au trot raisonnable de bons normands.

Prudence et les enfants n'avaient pas perdu une si belle occasion pour crier et appeler au secours.

« Vous pas crier, disait Coz : chevaux s'effrayer, courir plus vite. »

Quand les chevaux ralentirent leur marche, les cris cessèrent de se faire entendre. Coz se retourna.

« Vous voyez, pas danger; Coz sait conduire chevaux ; cocher pas bien tenir; laisser aller trop fort, mauvais; chevaux toujours faut tenir. »

Il voulut rendre les rênes au cocher mais celui-ci refusa.

« Je n'aime pas ces chevaux, dit-il, ils sont trop vifs, ils courent trop fort. Monsieur vient de les acheter; il fera bien de les revendre.

— Non, pas revendre; chevaux bons, pieds bons; trot bon, tout bon.

— Alors Monsieur prendra un cocher plus habile

que moi, car je ne me charge pas de mener ces bêtes, qui s'emportent pour un rien.

— Moi mener; pas s'emporter avec Coz; moi tenir eux. »

On arriva au petit castel de Gargilier. Innocent et Simplicie se précipitèrent dans les bras de leur père, qui les attendait au bas du perron.

« Pardon, papa, pardon! disaient-ils tous deux. Que vous êtes bon de nous avoir pardonnés, de nous avoir laissés revenir!

Pendant qu'ils couraient embrasser leur maman, que son entorse retenait dans sa chambre, M. Gargilier embrassait Prudence, la questionnait sur les derniers événements dont il ignorait les détails, et faisait connaissance avec Coz, que Prudence lui présenta avec un tel éloge, qu'il comprit tout de suite combien Coz avait dû rendre de services pour être tellement vanté par la sage Prudence. Il le questionna sur sa position, ses moyens d'existence.

« Moi avoir rien, dit Coz; moi, pauvre Polonais, seul pas heureux. Si moi rester ici, moi si content, moi faire tout pour Monsieur, Madame, M. Nocent, Mam'selle et bonne Mme Prude. Moi aimer les trois, et moi pas vouloir quitter.

MONSIEUR GARGILIER.

Mais, mon pauvre garçon, je n'ai pas d'ouvrage à vous donner ici; je ne peux pas faire de vous un domestique, un ouvrier.

COZ.

Pourquoi? Moi tout savoir; moi domestique chez

Monsieur le comte, moi cocher, moi bêcher, faucher, tout faire chez vous.

MONSIEUR GARGILIER.

Je veux bien croire à vos talents, mon garçon; mais vous êtes sans doute habitué à gagner beaucoup d'argent, et je n'ai pas de quoi payer les gens comme font les grands seigneurs.

COZ.

Moi! beaucoup d'argent? Moi demander rien; seulement logement, nourriture; moi avoir du gouvernement quarante-cinq francs par mois; c'est assez, c'est trop.

MONSIEUR GARGILIER.

Nous verrons cela, mon ami; je verrai comment vous travaillez. »

M. Gargilier alla rejoindre ses enfants; il les trouva à genoux près du canapé de leur mère, lui baisant les mains, et témoignant leur bonheur avec une tendresse dont elle n'avait pas l'habitude et qui la remplissait de joie.

Quelques jours se passèrent dans les mêmes sentiments de bonheur; la campagne apparaissait aux enfants sous un aspect nouveau et charmant. Ils ne comprenaient pas comment ils avaient pu désirer de quitter la vie tranquille, heureuse, utile, de la campagne, pour l'agitation, les ennuis, l'isolement de Paris. Ils faisaient de Paris, de la pension, de la tante Bonbeck, une peinture si affreuse, que M. et Mme Gargilier en riaient malgré eux. Prudence ne cessait de faire l'éloge des Polonais, surtout de Coz, et déclarait que sans lui ils eussent

Il les trouva à genoux près du canapé de leur mère.

tous péri dix fois. Coz travaillait comme un nègre, se mettait à tout, était partout, faisait l'ouvrage de trois hommes; jamais M. Gargilier n'avait eu un si excellent serviteur; il ne tarda pas à le prendre définitivement à son service en qualité de surveillant, cocher, ouvrier, domestique, etc. Coz était plus heureux que tous les rois de la terre : il ne manquait à son bonheur que Boginski, dont il n'avait pas de nouvelles.

Un jour, le facteur apporta à M. Gargilier une lettre qu'il lut tout haut à sa femme et à ses enfants, moitié riant, moitié fâché :

« Mon frère,

« Vos enfants sont des nigauds, surtout Simplette, qui n'a pas voulu rester avec moi. Votre Prude est une sotte que vous devriez renvoyer et qui gâte vos enfants. Ils ont emmené un de mes Polonais; c'est un ingrat, je ne le regrette pas. Voilà mon imbécile de Boginski qui s'est avisé d'être malade : il est guéri, mais il ne peut pas faire de musique; le médecin lui ordonne d'aller passer une quinzaine de jours à la campagne; comme je ne sais où le faire aller, je l'envoie demain chez vous. J'ai gardé votre sotte fille et sa sotte bonne pendant un mois, vous pouvez bien me garder mon Polonais pendant quinze jours. Ne manquez pas de me le renvoyer dès qu'il pourra jouer du violon. Adieu, mon frère. Dites à Simplette qu'elle est plus bête qu'une oie. Vous avez bien mal élevé vos enfants ; si je les avais eus, ils eussent été élevés autrement.

« Votre sœur,

« Ambroisine Bonbeck. »

SIMPLICIE.

Tiens ! ma tante qui envoie Boginski ! je vais le dire à Prudence.

INNOCENT.

Prudence, Boginski arrive ce soir ! ma tante l'envoie.

PRUDENCE.

Que je suis contente ! Quel plaisir son arrivée va faire à notre bon Coz !... Coz, Coz !... le voilà qui passe tout juste. Coz ! votre ami Boginski arrive ce soir ; Mme Bonbeck nous l'envoie !

— Bonheur ! s'écria Coz ; merci, Madame Prude, vous bien bonne de dire à Coz ; vous toujours bonne. Moi vous aider à tout préparer pour ami. »

Coz et Prudence préparèrent une chambre pour Boginski ; et Coz, par ordre de M. Gargilier, partit avec une carriole pour ramener son ami de la ville.

Quand Boginski arriva, ni Prudence ni les enfants ne le reconnurent, tant il était changé, maigri et pâli. Il avait été fort malade ; Mme Bonbeck avait été très bonne pour lui, mais elle était si agitée, si remuante, elle parlait tant, elle grondait tellement tout le monde que le médecin déclara que le malade mourrait si on ne lui donnait du

« Boginski s'est avisé d'être malade. » (Page 367)

repos en l'envoyant à la campagne; c'était lui-même qui avait demandé à aller chez M. Gargilier.

Il ne tarda pas à se sentir mieux et à se remettre entièrement; mais il ne parlait pas de partir, malgré les lettres pressantes de Mme Bonbeck. Il cherchait à se rendre utile dans la maison; il mit en ordre la bibliothèque et classa les livres avec une intelligence qui étonna M. Gargilier. Il s'offrit à donner des leçons à Innocent et à Simplicie, et s'en acquitta si bien, déploya tant d'instruction, que M. Gargilier le questionna sur les années de sa vie passées en Pologne et apprit qu'il était de bonne famille, qu'il avait reçu une très bonne éducation et était capable d'instruire des enfants; seulement, il n'avait pas appris le français.

Au bout d'un mois, il fallut répondre à Mme Bonbeck, qui menaçait de venir elle-même chercher son Polonais.

M. Gargilier fit venir Boginski et lui fit voir la lettre de sa sœur.

« Que dois-je lui répondre, mon ami? Désirez-vous nous quitter et retourner chez ma sœur?

BOGINSKI.

Oh! Monsieur, moi désire ne jamais vous quitter; moi suis très heureux ici. Chez Mme Bonbeck, c'est terrible; moi, j'ai été malade de tristesse et fatigue; si j'y retourne, serai encore malade; la vie est si terrible chez elle : toujours musique ou colère!

M. GARGILIER.

Comme cela, mon ami, vous seriez bien aise de rester chez moi, près de mes enfants?

BOGINSKI.

Pas aise, mais heureux, heureux ! Oh ! Monsieur, si vous garder moi, pauvre Polonais, jamais je n'oublierai ; serai toujours reconnaissant. J'apprendrai français bien ; je parle déjà mieux ; dans un an, ce sera bien tout à fait.

M. GARGILIER.

Alors, mon cher, c'est une affaire décidée. Vous me convenez beaucoup ; vous êtes un brave garçon, dévoué, reconnaissant, sage et religieux. Je n'ai pas besoin d'un savant près de mon fils ; vous en savez autant qu'il lui en faut, et je vous charge d'Innocent, que vous ne quitterez plus. »

Boginski serra la main de M. Gargilier dans les siennes, les baisa à la mode de Pologne, et courut annoncer cette bonne nouvelle à son ami Coz, qui bondit de joie. Boginski voulut écrire lui-même à Mme Bonbeck pour la remercier de ses bontés, et lui expliquer que sa santé, très ébranlée, exigeait le repos et l'air de la campagne.

Mme Bonbeck, furieuse, répondit une lettre d'injures et accusa son frère de lui avoir débauché ses deux Polonais. Deux jours après, Boginski reçut un paquet contenant ses effets, deux habillements tout neufs à sa taille, un violon, de la musique et une lettre ainsi conçue :

« Mon ami,

« Vous êtes un brave garçon, c'est moi qui suis une méchante vieille ; vous avez raison de me quit-

« Voyons, Madame Prude,... dites oui. » (Page 376.)

ter; je vous ai rendu malheureux et malade. Je voudrais être bonne, mais je ne peux pas; la colère m'emporte. Dites à Simplette et à Prude que je leur demande pardon, comme à vous. Quand je serai corrigée, j'irai vous voir; je crains que ce jour n'arrive jamais. Mon frère me met en rage avec son calme, et ses enfants sont des nigauds qui me font bouillir le sang. Adieu, mon ami; pensez quelquefois sans colère à votre vieille amie.

« Ambroisine Bonbeck. »

La vie des habitants de Gargilier s'écoula heureuse et paisible; Innocent devint un charmant garçon, instruit et bien élevé, grâce aux soins de Boginski. Simplicie grandit, embellit et fut une agréable et aimable personne; elle devint la femme d'un voisin de campagne dont Innocent épousa plus tard la sœur; ils vécurent en famille, aimant la campagne, s'occupant de leurs biens et des pauvres, et redoutant Paris. Boginski resta l'ami de la maison et de ses élèves; il se trouva assez heureux pour ne pas regretter la patrie. Coz acheva aussi sa vie à Gargilier en compagnie de Prudence; elle finit, après cinq années de refus, par consentir à devenir sa femme, parce que ce mariage convenait à ses maîtres. Pendant cinq ans elle avait répondu aux instances de Coz :

« Jamais je ne consentirai à porter un nom que personne ne pourra prononcer. Soyons amis, travaillons ensemble pour la maison, mais restez garçon et laissez-moi demeurer vieille fille. »

Enfin, un jour Coz vint lui annoncer tout joyeux qu'il était reçu citoyen français, et qu'au lieu de s'appeler Cozrgbrlowski, il s'était fait inscrire sous le nom de sa mère : VÉNISKA.

« Maintenant, Madame Prude, vous ne refuserez pas de porter mon nom?

— Ce n'est déjà pas si joli de s'appeler *Véniska*, répondit Prudence en souriant.

— Voyons, Madame Prude, dites oui; il me manque vous pour être heureux; j'ai une patrie à présent, mais je n'ai pas de famille, pas de femme, pas de ménage!

— Eh bien, oui, mon pauvre Coz; je ne veux pas vous tourmenter plus longtemps. Nous ne serons pas un jeune ménage : vous avez quarante-sept ans, moi j'en ai trente-cinq; mais nous nous unirons pour mieux servir nos maîtres, et pour nous soigner l'un l'autre quand nous serons infirmes et malades. »

M. et Mme Gargilier furent très satisfaits de la décision de Prudence et du bonheur du pauvre Coz, qui, de cette façon, vivrait et mourrait chez eux. La noce fut superbe, le repas magnifique; les mariés dansèrent comme des jeunes gens; Innocent et Simplicie étaient enchantés et dansèrent toute la journée. Ils se donnèrent une indigestion à force de manger de tous les plats qu'on servait aux invités, mais le lendemain il n'y paraissait pas, et ils n'eurent pas besoin des soins de Mme Véniska.

Tout le monde danse.

Mme Bonbeck ne vint jamais à Gargilier; elle mourut d'une apoplexie, à la suite d'une colère effroyable. Boginski fut seul à la regretter et à soutenir qu'elle était bonne, malgré ses colères.

La pension des *Jeunes savants* ne tarda pas à disparaître; les aventures d'Innocent firent un tort considérable à M. Doguin; aux vacances suivantes, presque tous les parents retirèrent de chez lui leurs enfants. M. Doguin, aidé de M. Hervé, alla fonder une autre maison à Lyon, et eut bien soin de n'y recevoir que de bons sujets.

TABLE DES MATIÈRES

		Pages
DÉDICACE	....	1
I.	Paris! Paris!................................	1
II.	Le départ....................................	17
III.	Le chemin de fer...........................	37
IV.	Arrivée et désappointement.............	49
V.	Mme Bonbeck................................	59
VI.	Première promenade dans Paris.......	81
VII.	Agréments divers...........................	97
VIII.	Première visite.............................	105
IX.	Scènes désagréables......................	123
X.	Innocent au collège.......................	135
XI.	La poussée..................................	155
XII.	Le parloir....................................	171
XIII.	La sortie.....................................	183
XIV.	Polonais reconnaissants..................	197
XV.	La police correctionnelle.................	205
XVI.	Une soirée chez des amies..............	223
XVII.	Colère de Mme Bonbeck..................	239
XVIII.	La fuite......................................	2..
XIX.	Les épreuves d'Innocent.................	273

		Pages.
XX.	Simplicie au spectacle................................	293
XXI.	Visite à la pension. — Dettes d'Innocent...........	307
XXII.	Le bain...	327
XXIII.	Visite imprévue.....................................	327
XXIV.	Retour de Prudence et de Coz......................	347
XXV.	Conclusion...	361

40847. — PARIS. IMPRIMERIE LAHURE
9, rue de Fleurus, 9.

www.ingramcontent.com/pod-product-compliance
Lightning Source LLC
Chambersburg PA
CBHW060601170426
43201CB00009B/860